2020年国家社科基金项目：
"中日韩+"模式对亚洲区域经济合作的影响与我国的策略（20BGJ036）
2018年度河南省教育厅人文社科研究项目：
河南省与"一带一路"沿线国家产能合作的机制研究（2018-ZZJH-588）

经济管理学术文库·经济类

# 双边投资协定对中国对外直接投资影响的研究

Research on the Impact of Bilateral Investment Treaties on Chinese Outward Foreign Direct Investment

孟庆强／著

经济管理出版社
ECONOMY & MANAGEMENT PUBLISHING HOUSE

图书在版编目（CIP）数据

双边投资协定对中国对外直接投资影响的研究/孟庆强著 . —北京：经济管理出版社，2021.4
ISBN 978-7-5096-7922-7

Ⅰ.①双… Ⅱ.①孟… Ⅲ.①投资—双边条约—影响—对外投资—直接投资—研究—中国 Ⅳ.①F832.6

中国版本图书馆 CIP 数据核字（2021）第 068168 号

组稿编辑：张巧梅
责任编辑：张巧梅　白　毅
责任印制：赵亚荣
责任校对：张晓燕

出版发行：经济管理出版社
　　　　　（北京市海淀区北蜂窝8号中雅大厦A座11层　100038）
网　　址：www.E-mp.com.cn
电　　话：（010）51915602
印　　刷：唐山玺诚印务有限公司
经　　销：新华书店
开　　本：720mm×1000mm/16
印　　张：12.75
字　　数：193千字
版　　次：2021年4月第1版　2021年4月第1次印刷
书　　号：ISBN 978-7-5096-7922-7
定　　价：88.00元

·版权所有　翻印必究·
凡购本社图书，如有印装错误，由本社读者服务部负责调换。
联系地址：北京阜外月坛北小街2号
电话：（010）68022974　　邮编：100836

# 摘 要

随着中国整体经济实力的增强、中国企业国际化经营经验的增加，以及中国对外投资促进与服务体系的建设与完善，中国对外直接投资规模迅速扩张。2003年中国对外直接投资流量规模不足30亿美元，存量规模也仅332亿美元，2013年中国对外直接投资流量突破1000亿美元，存量规模突破6000亿美元。然而在中国对外直接投资规模迅速扩张的同时，中国企业境外投资遭遇的政治风险也明显增加。东道国的政治风险不仅给一些企业造成了重大损失，而且已成为中国对外投资的重要障碍。因此，如何加强对境外投资企业的保护，降低海外投资风险，为海外投资企业提供全面、便利的防范和规避东道国政治风险的措施，确保中国企业"走出去"且"走得好、走得稳"已成为当前中国"走出去"战略中的重要课题。

理论和实践表明，双边投资协定是当前条件下保护海外投资、降低海外投资政治风险的有效工具。但目前国内学者对高标准双边投资协定是否有助于促进中国对外直接投资的发展尚存异议。因而全面、系统地考察双边投资协定对中国对外直接投资的影响不仅具有重要的理论意义，而且对推动中国对外直接投资的持续发展有着重要的现实意义。同时，中国正欲借与美国和欧盟缔结高标准双边投资协定来提升中国在制定新一轮国际投资规则中的话语权，因此，本书在实证分析双边投资协定对中国对外直接投资影响的基础上探讨了中国未来双边投资协定发展的思路，这将为未来中外双边投资协定谈判提供一定的借鉴。

本书较全面、系统地梳理了双边投资协定对外商直接投资（Foreign Direct Investment，FDI）流动影响的研究成果，探讨了双边投资协定影响 FDI 流动的传导机制，并从多个角度实证考察了双边投资协定对中国对外直接投资的影响，在此基础上提出如何有效发挥双边投资协定的作用从而促进中国对外直接投资发展的对策建议。本书的研究内容主要包括：导论部分、理论部分、双边投资协定的演变历程及未来趋势分析、实证检验和对策建议五个部分。

第一部分导论主要介绍本书的研究背景、研究意义、研究方法和本书的创新点。

第二部分是理论部分，主要包括两部分内容：一是对已有有关双边投资协定对 FDI 流动影响研究的成果进行回顾和梳理；二是通过数理模型分析双边投资协定影响 FDI 流动的传导机制。

第三部分是分析双边投资协定的演变历程及未来发展趋势。通过分析双边投资协定及中国双边投资协定的发展历程，并探寻双边投资协定及中国双边投资协定的发展趋势，为实证分析及提出能够有效发挥双边投资协定的作用从而促进中国对外直接投资发展的对策建议提供理论基础。

第四部分是实证检验。本部分在尝试构建中国双边投资协定指数体系的基础上，从双边投资协定异质性的角度来分析双边投资协定及双边投资协定的公正公平、国民待遇、最惠国待遇、征收补偿和投资者－国家争端解决机制等主要关键条款对中国对外直接投资的影响。其主要结论是：双边投资协定及其主要关键条款对中国对外直接投资的影响具有显著的国别差异。

双边投资协定及主要关键条款对中国对外直接投资的影响还存在着显著的国别差异。双边投资协定对中国对发达国家的投资没有产生显著影响，而对中国对发展中国家的投资产生了显著积极的影响。双边投资协定的主要关键条款中的投资者－国家争端解决机制条款对中国对发达国家的直接投资产生了显著积极的影响，而其他主要关键条款均没有对中国对发达国家的投资产生显著影响。双边投资协定的主要关键条款中除征收补偿条款外其他条款均对中国对发展中国家的直接投资产生了显著积极的影响。

双边投资协定对中国对外直接投资的间接影响：双边投资协定及其主要关键条款与发展中国家的投资环境是替代关系，双边投资协定及其主要关键条款与发达国家的制度环境是补充关系。

第五部分是对策建议。本部分在前文分析的基础上，从中国作为资本输出国和资本输入国的双重身份出发提出能够有效发挥双边投资协定促进中国对外直接投资发展作用的对策建议。主要内容包括三个方面：一是未来中国双边投资协定的发展思路；二是配合双边投资协定促进对外投资发展的举措；三是采取措施为实施高标准双边投资协定提供支撑。

# 目 录

第一章 导论 ················································································· 1

第一节 提出问题 ········································································ 2
第二节 选题背景 ········································································ 3
  一、国际背景 ···································································· 3
  二、国内背景 ···································································· 9
第三节 选题意义 ······································································· 17
  一、理论价值 ··································································· 18
  二、学术价值 ··································································· 18
  三、现实意义 ··································································· 19
第四节 研究设计与研究方法 ························································ 20
  一、本书的研究思路 ·························································· 20
  二、本书的结构框架及主要内容 ··········································· 21
  三、本书采用的主要研究方法 ·············································· 24
第五节 重点难点及可能的创新点 ·················································· 25
  一、重点与难点 ································································ 25
  二、创新点 ······································································· 25
  三、局限性及未来的研究方向 ·············································· 26

## 第二章 文献回顾 ………………………………………………………… 28

### 第一节 双边投资协定对东道国吸引 FDI 影响的研究 …………… 29
一、关于以双边投资协定是同质为假设前提的研究 …………… 29
二、关于以双边投资协定是异质为假设前提的研究 …………… 33

### 第二节 双边投资协定对投资国对外投资的影响 ………………… 35
一、关于国外学者对双边投资协定对对外直接投资影响的研究 …… 36
二、关于国内学者对双边投资协定对中国对外直接投资影响的研究 …………………………………………………………… 37

### 第三节 简要评述 ……………………………………………………… 38

## 第三章 双边投资协定对中国对外直接投资影响的机理分析 ……… 40

### 第一节 政府和市场的关系 …………………………………………… 41
一、市场机制调节与配置资源的特征 …………………………… 41
二、政府机制调节与配置资源的特征 …………………………… 42
三、政府与市场的关系 …………………………………………… 44

### 第二节 双边投资协定影响 FDI 流动的传导机制分析 …………… 45
一、基本假设 ……………………………………………………… 46
二、双边投资协定对东道国与外资企业收益的影响 …………… 46
三、双边投资协定对东道国政府与跨国企业的决策的影响 …… 48
四、理论分析总结 ………………………………………………… 49

## 第四章 双边投资协定演变的历程和发展趋势 ……………………… 50

### 第一节 双边投资协定发展的现状 …………………………………… 51
一、双边投资协定的数量在稳步增加 …………………………… 51
二、南－南型双边投资协定成为全球双边投资协定的重要组成部分 …………………………………………………… 52

三、以自由贸易协定为载体推动投资自由化 …………………………… 52

第二节　双边投资协定的演变历程 ……………………………………………… 53
　　一、友好通商航海条约 …………………………………………………… 53
　　二、投资保证协定 ………………………………………………………… 56
　　三、双边投资协定 ………………………………………………………… 58

第三节　未来双边投资协定发展的趋势 ………………………………………… 71
　　一、更高的自由化程度 …………………………………………………… 71
　　二、可持续发展日益受到重视 …………………………………………… 74
　　三、投资争端解决机制朝既公平又具有约束力的方向发展 …………… 75
　　四、国际投资协定由双边向区域化、多边化演变 ……………………… 75

# 第五章　中国双边投资协定演变的历程和发展趋势 ……………………………… 77

第一节　中国双边投资协定演变的历程 ………………………………………… 77
　　一、保守模式 ……………………………………………………………… 78
　　二、强保护模式 …………………………………………………………… 83
　　三、平衡模式 ……………………………………………………………… 89

第二节　中国双边投资协定未来发展的趋势 …………………………………… 94
　　一、第四代中国双边投资协定的核心议题 ……………………………… 95
　　二、高标准双边投资协定对中国的影响 ………………………………… 98

# 第六章　双边投资协定对中国对外直接投资影响的实证检验 …………………… 105

第一节　模型构建与变量选取 …………………………………………………… 106
　　一、模型构建 ……………………………………………………………… 106
　　二、变量选取 ……………………………………………………………… 106
　　三、样本选择 ……………………………………………………………… 114
　　四、数据处理 ……………………………………………………………… 115

第二节　实证检验及结果分析 …………………………………………………… 116

一、双边投资协定对中国对外直接投资影响的实证检验 …………… 116

二、关键条款对中国对外直接投资影响的分析 ……………………… 125

三、实证检验总结 …………………………………………………… 137

## 第七章 结论与对策建议 …………………………………………………… 139

### 第一节 理论与实证分析结论 …………………………………………… 139

一、理论分析结论 …………………………………………………… 139

二、实证分析结论 …………………………………………………… 140

### 第二节 未来中国双边投资协定的发展思路 …………………………… 141

一、中国双边投资协定存在的问题 ………………………………… 141

二、完善中国双边投资协定的对策建议 …………………………… 153

### 第三节 配合双边投资协定促进对外投资的举措 ……………………… 160

一、完善海外投资风险保险制度 …………………………………… 161

二、建立和完善海外投资风险预警体系 …………………………… 162

三、采取措施促进企业了解双边投资协定 ………………………… 163

四、为企业利用国际仲裁的途径解决投资争端提供支持 ………… 163

五、积极启动投资壁垒救济机制 …………………………………… 163

六、企业应通过自身努力来降低其面临的政治风险 ……………… 164

### 第四节 为高标准双边投资协定的实施创造良好的国内环境 ………… 165

一、积极推动外资管理体制改革 …………………………………… 165

二、采取措施鼓励和引导海外投资企业履行社会责任 …………… 167

三、建立双边投资协定管理审查机制 ……………………………… 168

四、支持和鼓励国内民间组织的发展 ……………………………… 169

## 附　　录 ……………………………………………………………………… 170

## 参考文献 ……………………………………………………………………… 183

## 后　　记 ……………………………………………………………………… 192

# 第一章 导论

自21世纪以来，中国对外直接投资进入了跨越式发展的时代，尤其是在受全球金融危机和全球经济增长放缓的影响，全球外国直接投资流出量增长放缓甚至下降的背景下，中国对外直接投资却逆势而上，增长强劲，屡创新高。2013年在全球外国直接投资流出量较上年仅增长1.4%的背景下，中国对外直接投资流量再次刷新年度投资流量纪录达到1078.4亿美元的历史新高，同比增长22.8%，连续两年成为全球第三大对外投资国①。

随着中国对外直接投资规模的不断扩张，中国企业的境外投资活动逐渐引起了广泛关注。国内外学者从不同的角度分析了影响中国对外直接投资的因素。有人从母国的角度研究了影响中国对外直接投资发展的因素，比如张为付（2008）认为中国GDP规模的扩张、出口量的增长、人民币升值、对外直接投资促进政策的完善等是促进中国对外直接投资发展的重要因素②。有人从东道国的区位因素出发研究了中国对外直接投资的影响因素，比如李猛、于津平（2011）认为东道国的市场规模、自然资源禀赋等是影响中国对外直接投资的重要因素③。有人

---

① 数据来源：《2013年度中国对外直接投资统计公报》，第3~4页。
② 张为付：《影响我国企业对外直接投资因素研究》，《中国工业经济》2008年第11期，第130~140页。
③ 李猛、于津平：《东道国的区位因素与中国对外直接投资相关性研究——基于动态面板数广义矩估计分析》，《世界经济研究》2011年第6期，第63~69页。

从东道国制度环境的视角出发研究了东道国的制度环境对中国对外直接投资的影响，比如 Buckley 等（2007）认为东道国的制度环境是影响中国对外直接投资的重要因素①。有人从贸易壁垒的角度考察了贸易摩擦对中国对外直接投资的影响，比如李猛、于津平（2013）等认为贸易摩擦与贸易壁垒诱发了对中国对外直接投资的快速发展②。有人从微观角度考察了企业的生产率对中国对外直接投资的影响，比如田巍、余淼杰（2012）认为企业的生产效率对企业对外直接投资有着积极的影响③。

与上述研究的视角不同，本书从双边投资协定（Bilateral Investment Treaty, BIT）对 FDI 流动影响的角度来研究影响中国对外直接投资发展的因素。虽然张中元（2013）④ 等已经研究了中国与其他国家签订的双边投资协定对中国对外直接投资的影响，但这些研究还不够全面和深入。故本书将在前人研究的基础上全面、系统、深入地研究双边投资协定对中国对外直接投资的影响。

# 第一节 提出问题

随着中国经济实力的增强、中国企业国际化经营经验的增加及中国对外直接投资促进与服务体系的建设与完善，中国对外直接投资呈现跨越式发展的态势。2000~2013 年中国对外直接投资年平均增长率达 45.56%。截至 2014 年底，中国累计非金融类对外直接投资达 6463 亿美元。然而随着中国对外直接投资规模

---

① Buckley P. J., et al., "The determinants of Chinese outward foreign direct investment", *Journal of International Business Studies*, No. 38, 2007, pp. 499–518.
② 李猛、于津平：《贸易摩擦、贸易壁垒与中国对外直接投资研究》，《世界经济研究》2013 年第 4 期，第 66~73 页。
③ 田巍、余淼杰：《企业生产率和企业"走出去"对外直接投资：基于企业层面数据的实证研究》，《经济学（季刊）》2012 年第 1 期，第 383~409 页。
④ 张中元：《东道国制度环境双边投资协议与中国对外直接投资——基于面板门限回归模型（PTR）的实证分析》，《南方经济》2013 年第 4 期，第 49~62 页。

的扩张，海外投资遭遇的政治风险也明显增加。东道国的政治风险不仅为企业的海外经营活动增添了不确定性，而且还给一些中资企业造成重大损失，并成为中国企业海外投资的主要障碍。因此如何加强对境外投资企业的保护，为海外投资企业提供全面、便利的防范和规避东道国政治风险的措施，以降低海外投资企业的政治风险，确保中国企业"走出去"且"走得好、走得稳"已成为当前中国"走出去"战略中的重要课题。由于国际投资的跨国性仅靠单个国家的国内法律（政策）措施不能全面保护投资者的安全和利益，因而对国际投资的保护就需要国际法律工具。然而目前综合的、统一的多边国际投资协定尚未形成，规范国际投资的最有效的国际法律工具是双边投资协定。因此有学者提出中国应积极缔结高标准的双边投资协定来完善中国的双边投资协定网络体系为中国海外投资企业提供国际法范畴的保护，这样不仅可以促进中国对外直接投资的发展，而且还有利于中国参与全球投资治理。但是有学者认为双边投资协定对中国对外直接投资发展的促进作用有限，且中国仍是发展中国家，法律制度不完善，高标准双边投资协定极大压缩了政府的政策空间，不利于中国的发展，因此中国不应缔结高标准的双边投资协定。那么，双边投资协定对中国对外直接投资发展的促进作用如何？新形势下如何设计中国双边投资协定呢？这将是本书要探讨的核心问题。

## 第二节　选题背景

### 一、国际背景

随着全球经济的缓慢恢复，全球外国直接投资逐渐恢复到次贷危机前的水平。但世界投资格局却发生了深刻变化，发展中经济体已经超越发达经济体成为全球重要的 FDI 目的地，同时发展中经济体已经成为全球 FDI 的重要输出者，使 FDI 的流动主要由发达经济体流向发展中经济体向发展中经济体与发达经济体相互流动的方向转变。世界投资格局的变化要求国际投资规则的变革。同时，全球价值链的形成和发展要求投资规则由边界外向边界内延伸。因此，国际贸易投资规则的重塑是本书选题的国际背景。

（一）发展中经济体已成为全球投资格局的重要成员

国际金融危机后，伴随着全球经济的恢复，跨国公司投资信心的增加，全球FDI流量也逐渐恢复到次贷危机前的水平。2013年全球FDI流量达1.45万亿美元，同比增长9%，达到金融危机前（2005~2007年）的平均水平。在世界投资恢复过程中，FDI流入到主要经济体（发达经济体、发展中经济体和转型经济体）的流量都有一定程度的增加，且主要经济体在世界投资格局中的地位还发生了一定的变化。

发展中经济体已经超越发达经济体成为FDI的主要流入地。在金融危机之前，发达经济体是全球主要的FDI目的地。由于受到金融危机的影响，发展中经济体尤其是新兴经济体较发达经济体有着较强的经济增长动力与前景，因此成为全球FDI主要的目的地。2012年发展中经济体吸引FDI的量占全球FDI流量比重达52%，首次超过发达经济体①。2013年发展中经济体吸引FDI的量再创新高，占全球FDI流量的比重达到54%，发达经济体吸引FDI的量占全球FDI流量的比重继续下滑，已低于40%。金融危机后，转型经济体引进FDI的量也呈上升趋势。转型经济体2007年占年全球FDI流量的比重仅为4.7%，到2013年已增长到7.4%②。全球FDI流入国排名的变化也表明全球FDI输入格局的变化。2007年前20位FDI流入国中发展中经济体有中国、中国香港、巴林、印度、新加坡、巴西，转型经济体有俄罗斯③。2013年前20位FDI流入国中发展中经济体的数量已达8个，分别是中国、中国香港、巴西、新加坡、墨西哥、印度、智利和哥伦比亚，转型经济体有俄罗斯④。

发达经济体作为全球主要资本输出地的地位下降。由于受到金融危机的影

---

① 数据来源：《世界投资报告2013》，第2页。
②④ 数据来源：《世界投资报告2014》，第4页。
③ 数据来源：《世界投资报告2008》，第13页。

响，发达经济体增长放缓，跨国企业资金紧张，导致发达经济体的资金输出量占全球FDI流量的比重降低。发达经济体资本输出量占全球FDI流量的比重已由金融危机前的高于80%，下降到2013年的60.8%。而发展中经济体由于受金融危机的影响较小，资本输出量占全球FDI流量的比重呈上升趋势，已由金融危机前占全球FDI比重不足20%，上升到2013年的32%。其中转型经济体资本输出占全球FDI流量的比重也有了一定程度的提升，在金融危机前转型经济体资本输出量占全球FDI流量的比重不足3%，到2013年转型经济体资本输出量占全球资本输出量的比重已达到7%①。全球前20位FDI流出国排名的变化也表明全球FDI流出地的变化。2007年全球前20位FDI流出国中发展中经济体及转型经济体主要有中国、中国香港、英属维尔京群岛、俄罗斯②，2013年全球前20位FDI流出国中发展中经济体有中国、中国香港、韩国、新加坡、中国台湾，其中中国已成为全球第三大资本输出国，FDI流出量仅次于美国和日本③。

（二）全球价值链的发展要求改革国际贸易规则

近10多年来，全球价值链的深化与发展对国际生产体系和全球商业业态产生了重大影响。全球价值链使生产和服务碎片化，中间品贸易量增加。由于全球资源禀赋的分布不均衡促使生产与服务的专业化，然而在科技进步和交通运输成本下降等因素的影响下，制造活动与服务活动被细分为不同的工序与任务④，企业可以在全球范围内布局生产活动和服务活动，并逐渐形成了全球价值链网络。全球价值链的形成和发展逐渐使生产与服务变得碎片化和全球化。随着生产与服务的全球化发展，中间品贸易量大幅度增加。目前，中间品贸易额占全球总贸易额的比重已超过60%。全球价值链的深化发展还冲击了贸易投资格局。以前贸易和投资是相分离的，随着全球价值链的深化发展，贸易与投

---

① 数据来源：《世界投资报告2014》，第6页。
② 数据来源：《世界投资报告2008》，第13页。
③ 数据来源：《世界投资报告2014》，第13页。
④ 盛斌：《迎接国际贸易与投资新规则的机遇与挑战》，《国际贸易》2014年第2期，第4~9页。

资逐渐融化①。贸易投资的融合及生产的碎片化要求各经济体的市场规则的一致性、各种技术标准的融合性。而目前的国际贸易规则主要集中在准入方面，比如降低关税减让，不涉及边界内部的内容，不符合全球价值链发展的内在要求，因此，全球价值链的发展要求改革目前的国际贸易规则。

（三）全球投资政策向投资自由化和投资管制双向发展

2008年全球金融危机后，大多数国家（地区）纷纷采取促进外资流入的投资自由化及投资便利政策。与此同时，许多国家为了加强对外资的监管，出台了一些投资限制及投资管制政策。从总体上看，全球投资政策中自由化及促进政策占主体，但全球投资自由化及投资便利化政策占总投资政策比重呈下降趋势，投资管制及限制政策呈上升趋势。2007年全球投资自由化及投资便利化政策占总投资政策的比重为73.9%，全球投资限制及投资管制政策占总投资政策的比重为23.8%②。随着金融危机的爆发及影响的深入，投资管制及限制的政策逐渐增加，2010年全球投资自由化及投资便利化政策占总投资政策的比重下降到67%，全球投资限制及投资管制政策占总投资政策的比重上升至32.1%。随后，投资管制及限制政策的占比有了一定的下降，但仍高于20%③。

后危机时代，全球投资政策从总体上看是呈投资自由化和投资管制并行发展的趋势，但投资政策是自由化及促进政策还是管制及限制政策与具体产业有关。涉及服务业的投资政策多属于投资自由化及促进政策，涉及战略产业多属于投资管制及限制政策。服务业中的批发与零售业是涉及投资自由化及FDI促进政策的主要行业。2003~2012年有68%的自由化及促进政策与服务业有关④。由于战略性产业涉及国家安全、经济利益，关系到国计民生，所以战略性产业尤其是采掘业、金融业一直是东道国限制或管制FDI投资的行业。2000~2012年有40%的

---

① 东艳：《全球贸易规则的发展趋势与中国的机遇》，《国际经济评论》2014年第1期，第45~65页。
② 数据来源：《世界投资报告2008》，第98页。
③ 数据来源：《世界投资报告2011》，第98页。
④ 数据来源：《世界投资报告2013》，第97页。

投资管制或限制政策涉及采掘业，2008～2012年因政策管制或政治反对等原因而撤销并购的行业中开采业所占的比重最大①。

（四）全球私人投资者与东道国的投资争端持续增加

双边、地区及地区间国际投资协定的激增是国家为吸引FDI所做的努力之一②，旨在为外国投资者营造更为稳定、透明的投资环境，然而国际投资协定越多，也就意味着投资者受到的保护越多，这也就增加了国际投资争端的风险。截至2013年底，基于国际投资协定申请国际仲裁的投资者与东道国投资争端案件累计达568件，其中，2012年申请国际仲裁的投资者与东道国投资争端案件达56件，是几十年来投资争端案件增加最多的一年③。从私人投资者与东道国之间的投资争端的国际仲裁结果来看，私人投资者与东道国之间的投资争端具有以下几个特征：一是发展中国家是主要的被索赔者。截至2013年底，已有98个国家涉及私人投资者与东道国之间的投资条约的仲裁案件，其中3/4的被申请索赔东道国是发展中经济体和转型经济体，其中拉美和加拉比海地区的国家所占比重最大④。二是申请索赔的私人投资者以发达国家的投资者为主。在这568件投资争端中，以欧盟的跨国企业为申请者的有299件，以美国跨国企业为申请者的有127件，分别占案件总数的53%和22%。三是受理机构以ICSID中心为主。虽然投资争端国际仲裁案件的受理是分散在不同机构进行的，但都以ICSID为主体。在目前已申请的568件案件中ICSID（包括ICSID附加机构）受理的案件占总数的62%，联合国国际贸易法委员会（UNCITRAL）受理的案件占总数的28%，其他的主要由斯德哥尔摩商会仲裁院（SCC）及国际商会仲裁院等机构受理⑤。四是国际仲裁倾向于保护私人投资者利益。截至2013年底已经有274件申请案件结案，其中仲裁结果对东道国有利的案件占总案件的43%，对投资者有利的案

---

① 数据来源：《世界投资报告2013》，第100页。
② 卢进勇、余劲松、齐春生：《国际投资条约与协定新论》，人民出版社2007年版，第40页。
③ 数据来源：《世界投资报告2014》，第124页。
④ 数据来源：《世界投资报告2014》，第125页。
⑤ 数据来源：ICSID数据库。

件所占比例为31%，和解的案件所占比例为26%。① 虽然仲裁结果对东道国有利的案件所占比例相对较高，但是在和解的案件中投资者的诉求也相对达到了，因此如果把和解案件和仲裁结果对投资者有利的案件均认为仲裁结果对投资者有利的话，那么可以认为国际仲裁倾向于保护投资者利益。

（五）双边投资协定正在发生着深刻变化

在全球价值链扩张、世界经济格局的变化及全球性危机等因素的影响下，作为国际投资协定的重要组成部分的双边投资协定正在发生着深刻变化。一是双边投资协定正在由投资保护向投资自由化的方向发展。全球价值链的发展要求生产要素及商品在世界范围内自由流动，双边投资协定为了适应这一要求将从投资保护向投资自由化的方向发展。因而准入前国民待遇、透明度、禁止履行要求等内容已被普遍纳入双边投资协定。二是双边投资协定朝着投资者与东道国权利与利益平衡的方向发展。发展中经济体对外投资能力的增强弱化了FDI由发达经济体流向发展中经济体的单向流动性，原有的双边投资协定规则已束缚了发达经济体的发展，因而发达经济体提出变革原有的双边投资协定规则。同时，随着经济实力的提升，发展中经济体也要求变革只束缚东道国不束缚投资者的双边投资协定规则。因而为适应新的形势，双边投资协定将纳入投资者的义务等方面的内容。三是可持续发展成为双边投资协定的重要条款。由于环境问题的凸显及部分跨国公司的经营行为损害了东道国的生态环境，国际社会要求双边投资协定应纳入可持续发展的内容。四是双边投资协定的地区主义趋势明显。随着区域合作的发展，双边投资协定向诸边发展，比如欧盟28国将以整体的身份对外缔结双边投资协定。地区主义势力上升将会形成多个地区性的国际投资协定，这样全球将会出现多个"缩减版"的多边国际投资协议，为以后形成一个综合性的多边国际投资协议奠定基础。五是区域贸易协定及双边自由贸易区协定中也包含与双边投资协定内容等价的条款。随着贸易与投资的融合，自由贸易协定正在由单一的贸易内容向包含贸易、投资等内容的综合性方向发展。《日本－东盟自由贸易区投

---

① 数据来源：《世界投资报告2014》，第125页。

资协议》《美国－韩国自由贸易区协定》《中国－新西兰自由贸易区协定》等自由贸易区协定中的投资章节中包括投资促进与包含的实质标准及投资者与东道国争端解决的程序条款。正在谈判的 TPP 等自由贸易协定也包括投资促进与包含的实质标准及投资者与东道国争端解决的程序条款。

## 二、国内背景

在中国国家经济实力增强、国内竞争环境加剧等众多因素作用下，中国对外直接投资规模不断扩张，并成为中国经济新常态的重要内容。然而中国在逐渐成为全球对外投资大国的同时，其海外投资遭遇的政治风险也有增长的趋势，且不断爆出中资企业在海外投资遇到重重阻力甚至损失惨重的案例。因此建立和完善境外投资企业的风险保障制度，已成为"走出去"战略的重要课题。因而在中国经济进入新常态背景下中国对外直接投资蓬勃发展和境外投资风险逐渐增加将是本书研究的国内背景。

### （一）中国国家综合实力显著增强

自改革开放以来，中国经济一直保持快速增长，国家综合实力稳步提升。中国综合实力的不断增强、国际地位和影响力的显著提高，为中国企业开展境外投资提供了坚实的物质基础和良好的条件。

经济规模总量快速扩张。1978～2013 年中国国内生产总值年平均增长率接近 10%，远高于同期世界经济增长的速度。并且中国经济高速增长期所持续的时间和增长速度都超过了经济起飞时期的日本和亚洲"四小龙"，创造了人类经济发展史上的新奇迹。2013 年中国国内生产总值达 91849.93 亿美元，人均国内生产总值已超过 6000 美元①，经济总量自 2010 年超过日本以后，连续四年稳居世界第二位，占世界经济总量的比重达到 12.3%②。

外汇储备规模膨胀。截至 2013 年底中国外汇储备余额接近 4 万亿美元，占全世界外汇储备总量的 1/3，外汇储备总量自 2006 年超过日本以后连续 8 年位居

---

①② 数据来源：国家统计局。

世界第一位①。充足的外汇储备不仅为中国企业扩大境外投资提供了保证,而且也为政府在企业开展境外投资用汇方面,改变以往的用汇限制政策,转而采取积极便利的用汇政策提供了基本保障。

制造业实力增强。随着中国经济的快速发展,中国制造业呈现爆发之势,已成为世界制造业大国。中国制造业总体规模位于世界前列,多种工业产品的产量位居世界第一位。钢铁、水泥、化纤、化肥、冰箱等白色家电、钟表、微电机、自行车、摩托车、集装箱、金属切削机床、电动工具、集成电路、电话机、手机、微型计算机等制成品的年产量已居世界第一位②。中国不但在产品制造方面位居世界前列,在某些关键技术领域也位居世界前列。目前,中国在高铁、智能电网、航空航天等技术领域处于世界领先地位。

(二)中国经济积极融入全球化

改革开放以来,中国通过不断拓展对外开放的广度和深度及实施"引进来"与"走出去"战略,积极融入全球化。积极融入全球经济为中国企业开展对外直接投资提供了丰富的经验。

对外贸易规模不断扩张。改革开放以来,中国外贸发展迸发出蓬勃生命力。1978 年中国对外贸易总额仅 200 多亿美元,占全球贸易总额的比重不足 1%,世界排名第 29 位③。2013 年中国进出口总额达 4.16 万亿美元,位居全球第一,占全球贸易总额的比重接近 12%④。对外贸易已成为推动中国经济社会发展的重要力量。对外贸易对国民经济增长的贡献率接近 20%,创造就业岗位接近 2 亿个,对外贸易创造的税收占全国税收的比重接近 20%。中国对外贸易的快速发展不仅带动了中国经济发展,而且已经成为全球经济发展的主要动力。目前,中国已成为世界上 120 多个国家的第一大贸易伙伴,中国的进出口贸易已是一些国家经济发展的主要影响因素。

---

① 数据来源:中国人民银行。
② 资料来源:中国国家电网。
③ 数据来源:WTO 数据库。
④ 数据来源:中国海关。

"引进来"战略的实施效果显著。改革开放以来,中国充分利用廉价劳动力、市场潜力及优惠的投资政策等区位因素,大力吸引外资。截至 2014 年,中国累计使用外商直接投资突破 1.5 万亿美元①。根据联合国贸发会议统计数据,2013 年中国引进 FDI 达 1240 亿美元,自 1992 年起,中国引进外资量已连续 22 年在发展中国家中位居首位,在世界各个国家和地区中所处位次基本稳定②。近 20 年,中国吸收外资在全球 FDI 外国直接投资总量中年均占比为 7.6%,在发展中国家引进外国直接投资中,年均占比为 21.5%。③ 随着中国利用外资规模的不断扩大,外商直接投资已成为推动中国经济发展和技术进步的重要力量。

对外直接投资呈跨越式发展。随着中国经济实力的增强、国内企业境外经营经验的增加和国家对外投资合作促进与服务政策的日趋完善,中国对外直接投资规模快速扩张。2000 年,中国对外直接投资流量规模仅为 9 亿美元,占当年世界外国直接投资流出量的比重不到 1%④;2013 年中国对外直接投资流量突破 1000 亿美元,中国对外直接投资存量突破 6000 亿美元,连续两年位列全球第三⑤。尤其是中国对外直接投资高速增长的态势不但没有因金融危机的不利影响而受阻,反而逆势而上,2012 年在全球外商直接投资流量较 2011 年下降两成的背景下,中国对外直接投资同比增长 17.6%,对外直接投资流量达 878 亿美元,再次刷新对外直接投资流量历史纪录,并成为全球第三大对外投资国⑥。截至 2013 年底,中国有 1.53 万家境内投资者在海外设立 2.54 万家对外直接投资企业,分布在全球 184 个国家(地区);中国对外直接投存量达 6604.8 亿美元,位居全球第 11 位⑦。同时,境外投资贸易合作区也蓬勃发展。自 2006 年以来中国在 13 个国家建设的 16 个境外投资贸易合作区,目前已经创造产值近 150 亿美元,发展势头

---

① 汪洋:《中国国际投资合作之路越走越宽广》,在第 18 届投洽会暨 2014 国际投资论坛上的演讲。
② 数据来源:中国投资指南网。
③ 数据来源:《世界投资报告 2014》,第 6 页。
④ 数据来源:《世界投资报告 2001》,第 8 页。
⑤⑦ 数据来源:《2013 年度中国对外直接投资公报》,第 3~4 页。
⑥ 数据来源:《2012 年度中国对外直接投资公报》,第 3 页。

良好，并逐渐成为中国向外转移产能过剩的主要平台①。

对外承包工程与对外劳务合作再创佳绩。20世纪70年代末随着改革开放而诞生的对外承包工程业务已经走过了40多年的发展道路，虽然起步晚，起点低，但发展迅速，且已经成为中国"走出去"战略的重要组成部分。截至2013年底，中国对外承包工程业务累计实现完成营业额7927亿美元，累计签订合同额116973亿美元。据商务部统计数据，2013年，中国对外承包工程行业完成营业额1371.4亿美元，同比增长17.6%；新签合同额1716.3亿美元，同比增长9.6%；中国对外劳务合作派出各类劳务人员52.7万人，同比增加1.5万人，其中承包工程项下派出27.1万人，劳务合作项下派出25.6万人②。

中国企业的国际化经营能力逐渐增强。随着中国企业境外经营经验的增加，中国企业的跨国经营能力也在不断提高。1995年中国内地企业入围世界500强的数量仅为3家，到2014年中国内地企业入围世界500强的数目已增长到91家，且中石化已位居第3位。

（三）对外直接投资促进与服务政策体系初步形成

中国自实施"走出去"战略以来，已采取多项措施，鼓励本国企业开展境外投资活动。经过十几年的努力，中国对外直接投资促进与服务政策体系已初步形成③，其中包括日常监管、境外投资融资信贷支持、政府服务及境外投资风险保障等。

政府和民间组织服务性机构提供境外投资服务的格局初步形成。中国通过政府部门和民间组织服务性机构积极提供境外投资服务。在组织机构方面，政府机构主要有商务部投资促进事务局及各级政府设立的投资促进机构或招商引资机构；民间机构有中国国际贸易促进委员会及各种商会、协会。在信息发布方面，政府机构的信息提供者主要有商务部、外交部等，比如商务部通过网络及新闻发布会发布东道国的投资环境与政策的变化及每年定期发布《国别贸易投资环境指

---

① ② 数据来源：商务部网站。
③ 卢进勇：《"走出去"战略与中国跨国公司崛起——迈向经济强国的必由之路》，首都经济贸易大学出版社2012年版，第48~49页。

南》等研究报告，外交部及各驻外使馆及时发布境外投资风险预警；中国进出口银行、国家开发银行、中国出口信用保险公司等是主要的服务性机构的信息发布者，比如中国出口信用保险公司每年定期发布《国别投资风险报告》。在融资信贷方面，主要有国家开发银行、中国进出口银行和中国出口信用保险公司等金融服务性机构为境外投资企业提供信贷融资服务。同时为了支持中国企业开展对外直接投资，国家开发银行与国内外其他金融机构合作共同设立了产业投资基金，主要有：中国－瑞士合作基金、中国－东盟中小企业投资基金、中国－比利时直接股权投资基金、中非发展基金有限公司等。

简化境外投资审核与重视境外投资服务的管理模式初步形成。目前，中国政府对中国企业开展境外投资活动的监管实行"备案为主、核准为辅"的管理模式，并最大限度地缩小核准范围，大幅提高了境外投资的便利化水平。[①] 同时，还取消了企业用汇方面的限制。在放松对外投资审核的同时，政府还强化了对境外投资的服务与保障及对企业境外投资的指导和规范。商务部有关部门定期发布一些有关东道国投资环境的报告，为企业投资提供参考，比如《对外投资合作国别（地区）指南》《对外投资合作年度发展报告》《对外投资国别产业指引2011》等。此外，为了加强中国矿业公司在海外经营中敦促企业遵守境内外法律法规、尊重当地风俗习惯、履行社会责任、保护好环境，2012年12月，国家发展改革委发布《中国矿业公司海外可持续投资与经营指南》。

境外投资担保制度初步形成。对于对外直接投资企业而言，境外投资最大的风险是东道国的政治风险，如何有效分散或规避东道国的政治风险，已成为中国境外投资企业较为关注的问题。境外投资担保，是指母国政府为本国的海外投资者在东道国可能遇到的政治风险提供保证或保险。在国内，中国出口信用保险公司为中国境外投资者提供政治风险担保。在国际上，由于中国是《多边投资担保机构公约》（又称为《汉城公约》）缔约国和出资国，因此中国企业可以通过投保多边投资担保机构（MIGA）规避投资风险。

---

① 资料来源：商务部发布的新修订的《境外投资管理办法》。

境外投资国际法律保障体系已现雏形。由于目前尚未形成一个综合的、有约束的多边投资协定，双边投资协定及区域投资协定成为保护外国投资者的重要国际法律工具。中国积极缔结双边投资协定、自贸区协定、双重避免征收协定等国际投资协定来构建中国的国际投资协定网络，以期为中国境外投资者提供稳定、透明、可预期的投资环境，以促进中国对外直接投资的发展。截至目前，中国已经与世界上 100 多个国家（地区）缔结了 130 个双边投资协定，其中生效 103 个①。中国缔结双边投资协定的数量位居世界第二，仅次于德国。且随着中国对外投资的发展，中国在不断提高对外缔结双边投资协定的标准。目前，中国正与美国和欧盟商签高标准的双边投资协定。中国签订的双边及区域投资协定已覆盖中国对外直接投资的大部分地区，为境外投资者维护合法权益提供了法律保障。同时，为了降低境外投资的成本，提高境外投资的效益，中国还积极与其他国家缔结避免双重征税协定，截至目前已签署生效的避免双重税收协定达 96 个②。

（四）中国经济可持续发展面临的挑战

国内经济持续发展面临着严峻的挑战。改革开放以来，中国经济建设取得了举世瞩目的成绩，但还面临着一些严峻的挑战。第一，经济结构失衡的问题依然存在。中国长期推行的政府主导型需求管理政策在保持经济快速增长的同时，却不断加剧了经济结构失衡程度。从中国经济结构指数来看，自 2009 年以来中国经济结构指数总体呈下降趋势，特别是 2012 年中国的经济结构指数已下降至 0.4889。尽管 2013 年的经济结构失衡状况从次级不均衡走向了次级均衡状态③，但由于内需不足，政府投资仍然是拉动经济发展的重要力量，因此经济结构失衡问题依然存在。第二，中国制造业技术较低，劳动生产率较低。虽然中国已成为"世界工厂"，制造业产出约占世界的 20%，但中国制造业企业中有相当一部分是代工企业，缺乏核心竞争力，大多数产业尚未占据世界产业技术的制高点，劳动生产率较低。比如，2011 年中国的劳动生产率约为德国的 5.56%、日本的

---

① 数据来源：UNCTAD IIA 数据库。
② 资料来源：国家税务总局。
③ 资料来源：《中国宏观经济运行报告（2013~2014）》。

4.37%和美国的4.38%；中国制造业的增加值率不足30%，与美国、日本及德国等发达国家相比分别低23、22、11个百分点①。另外，从中间投入贡献系数看，发达国家投入1个单位价值的中间大致可以得到1个单位甚至更多的新创造价值，但中国仅能得到0.56个单位的新创造价值②。第三，能源消耗量高，环境污染严重。中国在成为世界工厂的同时，也成为全球能源资源消耗大国。2012年中国能源消费占全球20%，钢铁消费占全球43%，铜占40%，铝占41%，且均居世界第一③。目前，中国对能源资源的消耗仅依靠国内市场已不能满足国家经济正常发展的需要。中国对石油、铁矿石等资源的对外依赖程度已超过了国际警戒线。大量的资源需要进口，大幅度增加了中国经济运行的风险。同时，由于中国企业的生产技术水平较低，能源资源利用效率不高，还导致严重的环境污染问题。2013年中国总体能源利用率只有33%左右，单位GDP能耗是世界平均水平的2.2倍、发达国家的3~4倍④。中国最大的500个城市中，达到世界卫生组织推荐的空气质量标准的城市不到1%。2013年1月14日，亚洲开发银行和清华大学发布的《迈向环境可持续的未来中华人民共和国国家环境分析》显示，世界上污染最严重的10个城市之中，中国有7个⑤。第四，产能过剩导致市场竞争加剧、企业利润下滑、企业经营困难，国家经济风险增加。统计数据显示，2012年中国钢铁、水泥、电解铝、平板玻璃、船舶等行业的产能利用率均低于国际正常水平⑥，其产能利用率分别仅为72%、73.7%、71.9%、73.1%和75%⑦。

中国对外贸易可持续发展面临着严峻的挑战。由于内外因素的影响，中国对外贸易可能进入慢速增长期，2012年进出口总额仅增长了6.2%。2013年，外贸

---

① 张茉楠：《欧美再"工业化"与中国突围》，《社会观察》2013年第2期。
② 资料来源：《中国产业升级研究报告》。
③ 资料来源：新华网，http://news.xinhuanet.com/fortune/2013-05/25/c_115907120.htm。
④ 资料来源：工信部。
⑤ 资料来源：《中国环境报告》，2013年1月。
⑥ 国际上公认的产能利用率正常水平为82%左右，超过85%意味着这个行业需求旺盛，但如果产能利用率低于75%，则可视为严重产能过剩。
⑦ 资料来源：中国行业研究网：http://www.chinairn.com/news/20131107/1016444.html。

形势虽然有所好转，但进出口总额增长仍然低于两位数增长。中国对外贸易可持续发展面临的挑战主要有以下几方面①：第一，全球经济增长放缓，外部需求的不稳定因素依然存在。随着金融危机的影响逐渐减弱，世界经济逐渐复苏，全球商品贸易量逐渐增加，但全球贸易的不稳定因素依然存在。当前，全球贸易最大的市场风险主要来自新兴经济体。目前，新兴大国普遍出现了经济增长乏力的现象，进而导致新兴经济体国家的进口需求增长放缓。同时，为走出经济困境，一些新兴市场国家积极推行结构性改革，降低财政支出，采取恢复国际收支平衡的措施，这将进一步压缩进口需求。第二，贸易摩擦形势依然严峻，贸易摩擦数量持续增加。世界经济进入新常态，全球经济处于低速增长阶段，失业率持续走高。一些国家为了增加就业，采取贸易保护的手段来增加本国商品在本国市场上的占有额。贸易保护主义逐渐增加，且贸易保护主义的形式也呈现多样化。中国连续多年一直是全球遭受贸易调查最多的国家，且自金融危机以来中国遭受的贸易调查急剧上升。2008～2013年中国共遭受贸易救济调查417起，涉案金额567亿美元，②并且呈现贸易案件与涉案金额上升、多种救济措施并用、贸易救济措施政治化、发展中国家由模仿转向独立发起对中国贸易救济调查、涉及产品广泛等新特点。第三，中国出口竞争力面临多重挑战。劳动力、土地等要素成本大幅上升挤压了中国企业的利润空间。人民币升值降低了中国产品在国际市场上的竞争力。国家统计局数据显示，2013年全国城镇私营单位就业人员年平均工资为32706元，同比增长13.8%，扣除物件因素实际增长10.9%③。自2005年汇改以来人民币兑美元累计升值幅度已超过30%，尤其是2013年其他新兴经济体货币集体贬值，人民币"逆势而动"全年升值幅度达3%，为2012年升值幅度的3倍④。第四，贸易体制机制尚处于建设阶段，进出口贸易调控机制不完善。目前，贸易调控机制仍然是鼓励出口的政策手段较多，鼓励进口的政策手段较少。

---

① 资料来源：商务部发布的《中国对外贸易形势报告（2014年春季）》。
② 资料来源：中国贸易救济网。
③ 资料来源：新华网：http://news.xinhuanet.com/fortune/2014-05/27/c_126552375.htm。
④ 资料来源：新华网：http://news.xinhuanet.com/fortune/2014-01/17/c_126018807.htm。

进出口机制双向平衡的调控机制尚未建立,且片面追求速度及规模的倾向依然存在。

(五) 中国企业境外投资遭遇的政治风险呈增长趋势

目前,全球国家风险的整体状况是世界经济贸易增速放缓、全球经济下行压力较大、世界贸易与金融秩序逐步调整、部分地区局势动荡加剧、贸易保护主义依然盛行、投资管制与限制措施增加①。经济发展趋缓加剧了一些地区经济社会动荡形势,为中国企业的对外直接投资活动增添了不确定性和不稳定性。由于中国对外直接投资地区与行业的过度集中及中国企业防范风险意识较低等因素导致中国对外直接投资遇到的政治风险的影响更大。根据《福布斯》发布的《中国海外投资国家(地区)风险排行榜报告》,截至 2009 年,中国对外直接投资存量中(不包括中国香港)47.7% 分布于最低风险国家和地区,接近 15%（14.9%）分布于最高风险国家和地区,其余的分布于较低风险、中等风险和高风险国家和地区②。因此,随着中国对外直接投资规模的不断扩大,中国对外直接投资遇到的风险尤其是政治风险也在逐渐增加。目前,中国对外直接投资遇到的政治风险主要有两类:一是后危机时代一些国家或地区为了维护自身的利益纷纷以维护国家安全为名加大对外资并购的审查力度,提高 FDI 市场准入门槛,并且外资并购审查政治化的倾向增加,例如华为并购 3COM 受阻,三一重工在美国风电投资受阻等。二是发展中国家的政局不稳,社会动乱给中国对外直接投资企业带来较大损失或使企业面经营活动的不确定性增加。

## 第三节 选题意义

中国对外直接投资的快速发展已成不可逆转之势,然而金融危机后,在各国

---

① 资料来源:《国家风险国别报告 2014》。
② 资料来源:《2011 中国海外投资国家(地区)风险排行榜报告》。

加强对外直接投资的监管和一些地区政局不稳等因素的影响下，中国对外直接投资遭遇的政治风险呈增长趋势，一些企业因此遭受损失。同时，在全球价值链深化和发展要求变革当前国际贸易投资规则的影响下，欧美等发达经济体欲利用一些协议为突破口掌控全球新一代投资规则制定中的制定权。中国正通过以与美国和欧盟缔结高水平的双边投资协定为平台提升在新一轮国际贸易投资规则制定中的话语权。因此，如何保证中国境外投资的持续、稳定发展及以双边投资协定为平台获取新一轮全球投资规则制定的话语权已是中国经济发展和参与全球治理的重要课题。

## 一、理论价值

尽管有关双边投资协定对 FDI 流动影响的研究在 20 世纪 90 年代已经成为国际经济学研究的重要课题，但已有的文献主要集中在对双边投资协定对发展中国家引进外资影响的研究上，而关于双边投资协定对投资国对外直接投资影响的研究则较少，尤其是对双边投资协定对新兴经济体国家对外直接投资影响的研究更少。另外，已有关于双边投资协定对 FDI 流动的影响的研究主要是从双边投资协定同质性和整体性的角度来研究双边投资协定对 FDI 流动的影响，而从双边投资协定异质性和关键条款的角度研究双边投资协定对 FDI 流动影响的研究较少。本书试图在构建双边投资协定影响 FDI 流动的传导机制的分析框架和中国双边投资协定指数体系的基础上从双边投资协定异质性的角度来分析双边投资协定整体及主要关键条款对中国对外直接投资的影响，以期对已有研究给予有益补充及推进双边投资协定对 FDI 流动影响的研究。

## 二、学术价值

虽然有不少学者已经对双边投资协定对中国对外直接投资影响进行了深入的研究，但本书的研究与目前已有的研究有一定的差异。目前的研究工作主要是从双边投资协定的同质性和整体性的角度来研究双边投资协定对中国对外直接投资的影响。仅从双边投资协定同质性和整体性的角度来研究双边投资协定对中国对外直接投资的影响尚有不足，其主要表现在以下两个方面：一是虽然中国所签订的双边投资协定在框架结构方面有相同之处，但在具体条款内容方面相互之间有着很大的差异，因此把中国所签订的双边投资协定作为同质的协定进行实证分析，可能存在以偏概全的问题，所得到的结果误差较大。因而需要从双边投资协定的异质性角度来分析双边投资协定对中国对外直接投资的影响。二是已有对双边投资协定对FDI流动影响的研究，主要是把双边投资协定作为一个"黑箱"进行整体研究，缺乏对双边投资协定主要关键条款对中国对外直接投资流动影响的研究。由于各关键条款是从不同的角度对外国投资者进行保护的，且东道国的国内投资环境存在差异，各主要条关键条款对对外直接投资的影响也可能有一定的差异，所以有必要对主要关键条款对中国对外直接投资流动的影响进行考察。

### 三、现实意义

随着中国对外直接投资规模的快速扩张，中国企业境外直接投资遭遇的政治风险明显增加。加强对境外投资企业合法权益的保护，降低海外投资损失，提高对外直接投资的效益已经成为中国对外直接投资面临的重要课题。理论和实践表明，双边投资协定可以降低对外直接投资的成本和遭遇的政治风险。然而，中国虽然是缔结双边投资协定的大国，但是中国缔结的双边投资协定普遍存在对投资者的保护标准较低的问题，不能有效保护境外投资企业的合法权益。且中国尚处于构建境外投资风险保障体系的初级阶段，防范和规避东道国风险的措施尚不完善。因此本书在研究双边投资协定对中国对外直接投资影响的基础上，从完善双边投资协定条款的角度来探讨构建境外投资风险保障体系为中国对外直接投资保驾护航，这对促进中国对外直接投资健康持续发展有着重要的现实意义。

同时，目前中国正与欧盟和美国进行商签高标准双边投资协定的谈判，并希望以此为平台提升中国在新一轮国际贸易投资规则制定中的话语权，以改变以往中国被动接受发达国家制定的规则的局面。但中国没有缔结高标准双边投资协定的经验。同时，国内有部分学者对缔结高标准双边投资协定促进中国对外直接投资的发展的论断尚存异议。因此，本书在从中国双边投资协定的异质性的角度来研究双边投资协定对中国对外直接投资的影响的基础上探讨中国双边投资协定发展的方向，既为中国是否需要高标准双边投资协定提供了一定的判断依据，也为中国制定自己的新一代双边投资协定范本及商签高标准双边投资协定的谈判提供了一定的借鉴。

## 第四节　研究设计与研究方法

### 一、本书的研究思路

本书的主要任务就是在研究双边投资协定促进中国对外直接投资发展的可能性、可行性的基础上，探讨发挥双边投资协定对中国对外直接投资发展的促进作用和完善我国的双边投资协定条款内容。基于此，本书以FDI区位选择理论为基础理论沿着"提出问题－分析问题－解决问题"思路展开。

第一，现实问题提出。中国境外投资企业遭遇的政治风险频增，且损失较大，因此国内有人提出完善双边投资协定条款内容来保护境外投资企业。然而有人提出双边投资协定对我国境外投资的影响有限，且高标准的双边投资协定将可能为我国遭遇国际诉讼埋下隐患。那么，作为促进及保护境外投资的主要工具的双边投资协定对我国对外直接投资有何种影响？基于此，本书将从理论和实证两方面来探索双边投资协定对我国对外直接投资的影响，试图回答"双边投资协定对中国对外直接投资有何种影响及是否存在国别差异？"，以期为从双边投资协定的角度来构建对外直接投资的促进政策体系提供理论参考。

第二，理论问题的提出。本书首先对已有关于双边投资协定对FDI流动影响的研究进行梳理，并给予简要的评述，以找到研究的切入点。

第三，理论问题的分析与回答。本部分通过构建双投资协定影响FDI流动的传导机制的分析框架,来分析双边投资协定对 FDI 流动的影响,从而为后文的实证检验提供理论基础。

第四,双边投资协定发展的现状。双边投资协定的内容随着国际投资活动的发展而变化,即双边投资协定在一定程度上反映了国际投资活动发展变化,因而有必要了解全球及中国双边投资协定的发展趋势,为后文提出中国未来双边投资协定的发展思路提供借鉴。

第五,基于现实经验对理论问题的验证。前文从理论上分析了双边投资协定具有促进 FDI 流动的可能,那么中国缔结的双边投资协定是否促进了中国对外直接投资的发展,本部分将用实证的分析方法进行分析。这将为后文提出是否采用双边投资协定来促进中国对外直接投资的发展提供理论依据。在梳理双边投资协定演变历程的基础上,采用面板数据模型分析法实证检验双边投资协定对中国对外直接投资的影响,从而为前文提出的问题给予回答。

第六,对现实问题的回答。在上文分析的基础上,从中国既是对外投资大国也是引资大国的基础出发探讨未来中国双边投资协定的发展思路,并提出其他对策建议以配合双边投资协定推动对外直接投资发展。

本书的研究思路如图 1-1 所示。

## 二、本书的结构框架及主要内容

本书的主要目的是通过对双边投资协定对促进中国对外直接投资发展的可能性、可行性的研究,为发挥双边投资协定对中国对外直接投资发展的促进作用提供理论支撑。全书涉及五个部分,这五个部分又可划分为七个章节。

第一部分,导论。本部分首先根据中国对外直接投资的现状提出本书研究的问题:双边投资协定对中国对外直接投资有何种影响?如何通过完善双边投资协定的内容条款来促进中国对外直接投资的发展?然后阐述选题背景和研究意义、研究的主要内容及采用的主要方法、研究的重点和难点及本书主要的创新和局限性。

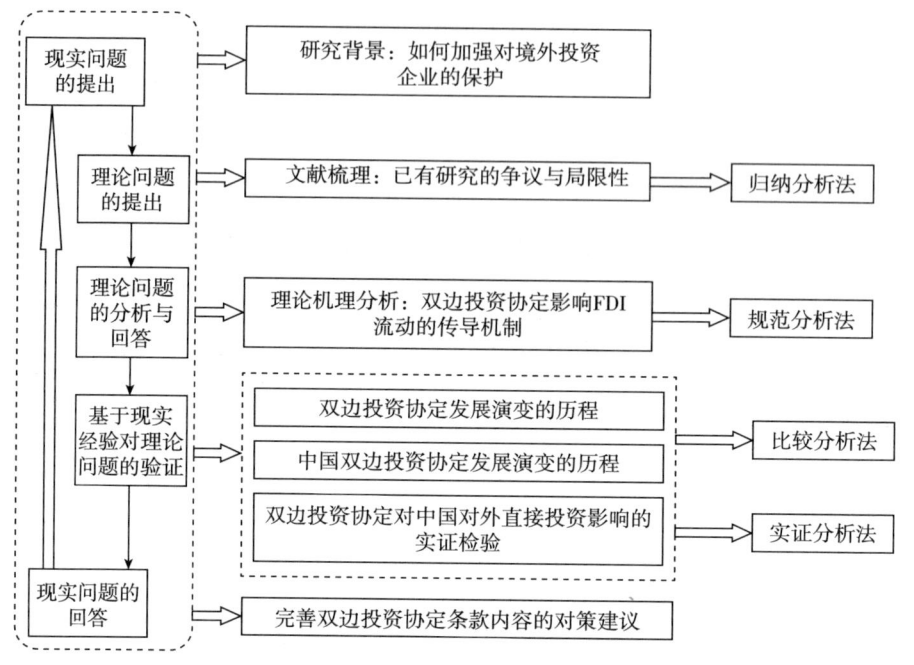

图1-1 研究思路示意图

第二部分，双边投资协定对 FDI 流动影响的理论基础。本部分是本项目的理论基础部分，将对关于双边投资协定对 FDI 流动影响的研究进行梳理总结，在此基础上构建理论分析框架，并提出研究问题。其重点内容如下：①文献梳理。本部分主要对前人有关双边投资协定对 FDI 流动影响的研究进行回顾和梳理。本书主要从双边投资协定对东道国吸引外资和投资国对外直接投资的影响两个层面进行回顾和梳理，并做出简要的评述。在回顾前人研究的基础上找到本书的切入点。②双边投资协定对 FDI 流动影响的机理分析。本部分将在对现有相关研究系统梳理的基础上，采用规范分析的分析方法来构建双边投资协定影响 FDI 流动的分析框架，以为后文的经验检验提供理论基础。双边投资协定从表面上看是缔约国间促进双边资本流动的一种政策，而从本质上看是政府干预市场的一种方式。因此，本书首先探讨政府和市场的关系，然后运用数理模型分析了双边投资协定影响 FDI 流动的传导机制。

第三部分，双边投资协定发展的历程及态势。本部分通过对双边投资协定发展演变的历程进行梳理分析，以便厘清双边投资协定发展的现状及未来的发展形势，从而为后文的对策建议部分提供基础。其重点研究内容如下：①全球双边投资协定发展的现状及趋势。本部分从全球层面分析双边投资协定的发展历程、每一阶段的特征、双边投资协定未来发展的方向。②中国双边投资协定发展的历程及态势。本部分从中国层面分析双边投资协定发展的历程、特征、未来中国双边投资协定发展的方向及对中国发展的影响。

第四部分，双边投资协定对中国对外直接投资影响的实证检验。本部分将运用计量模型对双边投资协定对中国对外直接投资的影响进行经验检验，从数量关系和经验规律中找到双边投资协定与中国对外直接投资之间的互动关系，从而找到双边投资协定对中国对外直接投资影响的制约因素、障碍及薄弱环节。这既是本项目的深化和发展，也为前面的理论分析提供经验支持。其重点内容如下：①双边投资协定对中国对外直接投资影响的实证检验。本部分在构建中国双边投资协定指数体系基础上，基于双边投资协定的综合指数，采用面板数据模型从异质性的角度分析双边投资协定对中国对外直接投资的影响，以厘清双边投资协定对中国对外直接投资的整体效应。②主要关键条款对中国对外直接投资的影响。本部分基于主要关键条款指数，采用面板数据模型分析双边投资协定的主要关键条款对中国对外直接投资的影响，以厘清主要关键条款对中国对外直接投资影响的差异。

第五部分，结论与对策建议。本部分是对策分析部分，是本书研究的落脚点。依据上文分析的结论，并在总结中国双边投资协定总体状况的基础上提出有效发挥双边投资协定对中国对外直接投资发展的促进作用，其重点研究内容如下：①未来中国双边投资协定发展的思路。②配合双边投资协定促进对外投资发展的举措。③为高标准双边投资协定的实施创造良好的国内环境。研究框架如表1-1所示。

表1-1 本书的研究框架

| 本书结构 | | 涉及章节 | |
|---|---|---|---|
| 第一部分 | 导论 | 第一章 | 导论 |
| 第二部分 | 理论部分 | 第二章 | 文献回顾 |
| | | 第三章 | 双边投资协定对中国对外直接投资影响的机理分析 |
| 第三部分 | 双边投资协定发展的历程和趋势 | 第四章 | 双边投资协定演变的历程和发展趋势 |
| | | 第五章 | 中国双边投资协定演变的历程和发展趋势 |
| 第四部分 | 实证检验 | 第六章 | 双边投资协定对中国对外直接投资影响的实证检验 |
| 第五部分 | 对策建议 | 第七章 | 结论与对策建议 |

### 三、本书采用的主要研究方法

在研究过程中，本书主要采用理论研究和实证研究相结合的研究方法。采用这些研究方法，力求使本书的研究实现定性与定量、理论与实践、历史和现实的统一。

理论研究方法。本书在对国内外有关双边投资协定对FDI流动影响的研究进行梳理和评述的基础上构建双边投资协定对FDI流动影响的传导机制分析框架，为实证检验双边投资协定对中国对外直接投资的影响提供理论基础。

实证研究方法。本书在构建双边投资协定影响FDI流动传导机制理论框架的基础上，充分利用计量经济学的工具和分析方法，实证检验了双边投资协定对中国对外直接投资的影响。

整体与局部相结合的分析方法。本书在整体分析双边投资协定对中国对外直接投资影响的同时，还选取主要关键条款从局部分析双边投资协定对中国对外直接投资的影响。

比较分析法。本书在分析整体样本的同时，还分别分析了中国与发达经济体和发展中经济体缔结的双边投资协定对中国对外直接投资的影响，以比较双边投资协定在不同制度环境下对中国对外直接投资影响的差异。

## 第五节 重点难点及可能的创新点

### 一、重点与难点

本书的重点与难点在于:一是在双边投资协定影响 FDI 流动的传导机制方面。由于国内外对双边投资协定对 FDI 流动影响的研究起步较晚,目前还尚未形成系统的理论体系,可以借鉴的研究较少,还需要在经典的国际投资理论的基础上探讨。二是在构建中国双边投资协定指数体系方面。目前对双边投资协定对 FDI 流动影响的研究主要采用把双边投资协定看作虚拟变量赋值为 0 或 1 的方法进行处理,而采取构建双边投资协定指数体系的方法的研究较少。同时中国缔结的双边投资协定内容相互之间差异较大,这就增加了构建中国双边投资协定指数体系的难度。三是在探讨未来中国双边投资协定的发展思路方面。由于双边投资协定是一把双刃剑,在保护本国海外投资的同时,也放弃了部分管制外国投资者的权利和增加了本国被外国投资者起诉的风险,而中国还是发展中国家,市场经济制度还处于建设阶段,如果缔结高标准的双边投资协定将为中国政府对外资的管理带来重大挑战。因此,制定既能够为本国的海外投资提供保护,也便于本国政府加强对外资的管制的双边投资协定战略将是本书的一个重点和难点。

### 二、创新点

本书在前人研究的基础上试图做出如下创新:

(1) 研究视角创新。已有关于中国对外直接投资影响因素的研究主要集中在东道国的区位因素、中国的影响因素,而从双边投资协定对 FDI 影响的视角来研究中国对外直接投资影响因素的较少。而本书将从双边投资协定对 FDI 影响的视角来研究中国对外直接投资的影响因素,为当前构建促进中国对外直接投资发展的政策体系提供了新的思路。

（2）研究内容创新。①构建了双边投资协定影响 FDI 流动机理的分析框架。目前，国内外学者对双边投资协定对 FDI 流动影响的研究主要采用通过传统的计量模型进行实证检验的方法进行研究，而缺乏相关的理论研究。而本书在实证检验前首先构建了双边投资协定影响 FDI 流动机理的分析框架来分析双边投资协定影响 FDI 流动的传导机制，这不仅为实证检验提供了理论基础，还拓展了原有的理论框架。②选取主要关键条款从局部分析双边投资协定对中国对外直接投资的影响。目前对双边投资协定对中国对外直接投资的研究主要是把双边投资协定看作一个"黑箱"进行整体分析。然而双边投资协定各主要条款均是依据不同的条件发挥各自的作用，因此仅进行整体分析不能得到比较完整的结果。所以，本书在进行以双边投资协定为整体分析的同时，还选取主要关键条款从局部进行分析，以使研究更加完整准确。

（3）研究方法创新。现有关于双边投资协定对 FDI 流动影响的研究主要采用把双边投资协定作为虚拟变量从双边投资协定的同质性的角度进行分析，然而尽管双边投资协定的结构框架具有相似性，但具体的文本内容存在一定的差异。因此，从同质性的角度分析双边投资协定对 FDI 流动的影响所得到的结果不够准确。而本研究通过构建中国双边投资协定指数体系将双边投资协定的内容进行量化，以区分各双边投资协定间的差异，从双边投资协定的异质性的角度分析双边投资协定对中国对外直接投资的影响，这样得到的结果更具有说服力。

### 三、局限性及未来的研究方向

本书对双边投资协定对中国对外直接投资的影响分别从数理分析和实证检验方面做了尝试性和探索性的研究，得到了一些有意义的结论，但由于资料及作者水平的限制，本书还存在很多不足，而这些不足之处正是本课题进一步研究的方向。

缺少行业分析。由于各国对外资管制的政策在不同的行业存在一定的差异，因而不同行业的 FDI 面临的政治风险将可能存在一定的差异，所以双边投资协定对不同行业的 FDI 的流动产生的影响可能也有所不同。故而需要进行分行业分析。但是由于目前中国尚没有对对外直接投资的国别行业数据进行统计，因此本书的实证研究尚没有进行行业层面的实证研究。这将在以后的研究中给予完善。

双边投资协定对 FDI 流动影响的传导机制及双边投资协定对对外直接投资的影响的研究仍需进一步完善。双边投资协定对东道国吸引外资影响的研究相对较多，而对双边投资协定对投资国对外直接投资影响的研究还处于起步阶段，可以借鉴的成果较少。本书尝试探讨了双边投资协定对中国对外直接投资的影响，其中的一些问题仍需进一步完善。

双边投资协定指数的构建还有待进一步完善。有关双边投资协定指数构建的研究尚处于起步阶段，可借鉴的成果较少。本书进行的尝试研究可能存在一定的缺陷，这将在以后的研究中给予进一步完善。

# 第二章 文献回顾

双边投资协定最初主要发生在资本输出国和资本输入国（发达国家与发展中国家）之间。发达国家与发展中国家签订双边投资协定的主要目的是为本国的海外投资提供保护，以规避发展中国家的政治风险，促进本国海外投资的发展。发展中国家与发达国家缔结双边投资协定的主要目的是改善国内投资环境，以引进外资。双边投资协定的内容主要包括投资定义、投资待遇、投资保护和投资争端解决四方面的内容[①]，所以说双边投资协定为外国投资者在东道国投资的各个环节均提供了保护，能够有效保护外国投资者在东道国的投资和收益，从而有效降低了海外投资企业的投资风险和投资固定成本。因此，双边投资协定降低了外国投资者经营环境的不确定性，并保证外国投资保护规则的存在和运用，这可能增加了外国投资者的信心。因此从理论上看，双边投资协定能够促进缔约国间资本的流动。那么，在实际当中双边投资协定这个目标是否实现了呢？随着发展中国家缔结的双边投资协定的规模和引进的 FDI 的规模的扩张，双边投资协定和 FDI 流动的关系日益受到学者及政策决策者的关注，相关的研究也逐渐增多。目前国内外学者研究双边投资协定对 FDI 流动影响的研究主要是以实证检验为主要分析法，从双边投资协定对发展中国家吸引 FDI 的影响和双边投资协定对投资国对外直接投资的影响两个方面进行分析。

---

① 梁咏：《我国海外直接投资的现状与双边投资协定的完善》，《法学》2008 年第 7 期，第 95~102 页。

# 第一节 双边投资协定对东道国吸引 FDI 影响的研究

发展中经济体政局不稳、政策多变、法律制度不完善,从而导致政治风险较高,不利于外国投资者在其境内开展经营活动。而双边投资协定的投资待遇条款、投资保护条款及争端解决机制条款等内容有利于为投资者构建透明、稳定、安全的投资环境,降低了东道国投资环境的不确定性给投资者带来的不利影响,从而有利于发展中经济体引进 FDI(Neumayer 和 Spess,2005)[①]。国内外学者对双边投资协定对发展中经济体吸引 FDI 影响的研究主要集中在两方面:一是从双边投资协定同质的角度研究双边投资协定对发展中经济体吸引 FDI 的影响;二是从双边投资协定异质性的角度研究双边投资协定对发展中经济体吸引 FDI 的影响。

## 一、关于以双边投资协定是同质为假设前提的研究

国内外学者从同质的角度对双边投资协定对 FDI 流动的影响的研究主要包括以下三方面的内容:一是双边投资协定通过其承诺效应促进 FDI 在缔约国间流动,即双边投资协定向外国投资者作出了保护和促进投资的承诺,且双边投资协定具有国际法效力,如果缔约国违背其承诺将产生国家责任,因此这种承诺对缔约国产生了一定的约束力。这种约束力降低了缔约国违背其承诺的概率,即双边投资协定使外国投资者在东道国遭受东道国违背其承诺的风险降低。外国投资者遭受的风险降低将促进其投资。所以双边投资协定促进了 FDI 在缔约国间的流动。二是双边投资协定通过信号效应促进缔约国吸引外资,即缔约国间缔结的双

---

① Neumayer E. and Spess L., "Do Bilateral Investment Treaties Increase Foreign Direct Investment to Developing Countries?", *World Development*, Vol. 33, No. 10, 2005, pp. 1567 – 1585.

边投资协定还具有向第三国发出保护外国投资者和改善投资环境的信号,这种信号能够促进第三国的投资流入。三是替代或补充东道国的制度环境来影响 FDI 的流动,即双边投资协定可以替代或补充缔约国的保护和促进外资的制度,为外国投资者提供安全、有效的投资环境。迄今为止,有关的研究还没有得到统一的结论。

(一)关于双边投资协定通过其承诺效应对促进 FDI 流动的研究

UNCTAD(1998)① 分别采用时间序列模型和横截面模型的分析法做了两次不同的检验,检验了发展中经济体缔结的双边投资协定对其吸引 FDI 的影响。在采用时间序列分析法的检验中,以 1971～1994 年 14 个资本输出国流入 72 个资本输入国之间的 FDI 流量数据为因变量,以 14 个资本输出国与 72 个资本输入国之间缔结的双边投资协定数据为核心解释变量,检验了双边投资协定对 FDI 流动的影响。检验结果表明,双边投资协定对东道国吸引 FDI 的促进作用比较小,且是影响 FDI 流入发展中国家的次要因素,而东道国的经济、政治因素才是影响 FDI 流动的首要因素。在采用横截面模型分析法的检验中,检验了 1993～1995 年 133 个国家的双边投资协定签订数目对其吸引 FDI 的影响。结果表明,尽管双边投资协定对东道国吸引 FDI 有着积极影响,但在 9 个回归方程中只有 3 个回归方程的双边投资协定的系数通过了显著性检验。

Hallward – Driemaier(2003)② 利用 1980～2000 年 20 个 OECD 国家流入 31 个发展中国家的 FDI 流量数据检验了双边投资协定促进发展中国家吸引 FDI 的效果。但实证结果却发现双边投资协定几乎没有对 FDI 流入发展中国家产生影响。

Egger 和 Pfaffermayr(2004)③ 基于知识资本模型,在假设双边投资协定有助于降低 FDI 投资壁垒的基础上,采用 1982～1997 年 19 个 OECD 国家与 54 个发

---

① UNCTAD, "The Role of International Investment Agreements in Attracting Foreign Direct Investment to Developing Countries", New York and Geneva, 2009, pp. 33 – 34.

② Hallward – Driemeier M., "Do Bilateral Investment Treaties Attract FDI? Only a bit…and they could bite", World Bank DECRG, 2003.

③ Egger P. and Pfaffermayr M., "The impact of bilateral investment treaties on foreign direct investment", *Journal of Comparative Economics*, No. 32, 2004, pp. 788 – 804.

展中经济体国家间的相关数据检验了双边投资协定对对外直接投资存量的影响。结果发现双边投资协定对于双边对外直接投资存量有着显著的影响。

一些学者认为 Hallward – Driemaier（2003）等人的研究没有考虑双边投资协定的内生性、双边投资协定与 FDI 流动的反向因果关系，忽视了东道国的政策环境变量，因此 Hallward – Driemaier（2003）、Egger 和 Pfaffermayr（2004）等人的研究结论值得商榷。

Aisbett（2007）① 基于面板固定效应采用多种模型分析法，并利用 1980～1999 年 28 个发展中国家吸引 28 个 OECD 国家的 FDI 流量数据分析了双边投资协定对发展中国家吸引 FDI 的影响。在分析过程中引入东道国时间虚拟变量、投资国时间虚拟变量和"东道国 – 投资国"时间趋势变量来作为降低双边投资协定的内生性问题，并采用可行广义最小二乘法（Feasible Generalized Least Squares, FGLS）对自相关问题进行修正。结果表明双边投资协定对发展中国家吸引 FDI 有着积极显著的影响，但当控制双边投资协定的内生性时双边投资协定与 FDI 之间的显著的相关关系就消失了。

Kerner（2009）② 为了降低双边投资协定内生性的影响，采用邻近东道国存在的生效双边投资协定占签署双边投资协定的比例和邻近东道国的新生效双边投资协定数量的 3 年移动平均值作为工具变量，并基于两阶段最小二乘法分析模型和 1982～2001 年 OECD 国家（不包括土耳其）流向 127 个发展中国家 FDI 流量数据考察了双边投资协定对发展中国家吸引 FDI 的影响。结果发现，仅在采用工具变量修正双边投资协定的内生性问题时双边投资协定对发展中国家吸引 FDI 有着显著积极的影响，这种影响既有承诺效应，也有信号效应。

Busse 等（2010）③ 基于重力模型，利用 1978～2004 年 83 个发展中国家吸引

---

① Aisbett E, "Bilateral Investment Treaties and Foreign Direct Investment: Correlation versus Causation", *MPRA Paper*, No. 2255, March 2007.
② Kerner A, "Why Should I Believe You? The Costs and Consequences of Bilateral Investment Treaties", *International Studies Quarterly*, No. 53, 2009, pp. 73 – 102.
③ Busse Matthias, et al., "FDI promotion through bilateral investment treaties: More than a bit?", *Kieler Arbeitspapiere*, No. 1403, February 2008.

来自28个发达国家的FDI流量数据和发展中国家存在的生效双边投资协定分析了双边投资协定对发展中国家吸引FDI的影响。同时，在分析过程中通过添加东道国有关吸引FDI政策变量和以邻国缔结双边投资协定的数量、东道国吸引外资竞争对手签订的双边投资协定的数量和滞后期水平的双边投资协定等三个变量作为工具变量以解决双边投资协定与FDI流动的反向因果关系及双边投资协定的内生性。结果表明，在各种模型下BIT变量的系数均为正值，且通过了显著性检验，但在采用工具变量时更大。所以可以认为发展中国家缔结的双边投资协定对发展中国家吸引FDI有着显著积极的影响。

一些学者还对一些具体国家缔结的双边投资协定对其引进FDI的影响进行了研究，有关的研究也证实了双边投资协定有助于缔约国吸引FDI的结论。Crotti、Cavoli和Wilson（2010）考察了澳大利亚缔结的双边投资协定对其引进FDI的影响，结果表明双边投资协定对澳大利亚利用FDI有着积极显著的影响①。太平、刘宏兵（2014）② 基于引力模型，利用1990～2011年40个与中国签订双边投资协定国家的相关数据，实证考察了双边投资协定对中国吸收外商直接投资的影响。研究结果表明：双边投资协定的签订显著地促进了各国对中国的投资。张鲁青、冯涌（2009）的研究也得到了类似的结论③。

（二）关于双边投资协定的信号效应促进FDI流动的研究

Tobin和Rose‐Ackerman（2003）采用东道国缔结的双边投资协定的数量检验了双边投资协定对FDI流动影响的信号效应，结果表明东道国缔结的双边投资协定不具有信号效应。④ Neumayer和Spess（2005）认为发展中国家与OECD国

---

① Crotti S., Cavoli T. and Wilson J. K., "The Impact of Trade and Investment Agreements on Australia's Inward FDI Flows", *Australian Economic Papers*, No. 49, 2010, pp. 259–275.

② 太平、刘宏兵：《签订双边投资协定对中国吸收FDI影响的实证分析》，《国际商务——对外经济贸易大学学报》2014年第4期，第53~61页。

③ 张鲁青、冯涌：《双边投资协定对我国吸引FDI的影响》，《统计决策》2009年第22期，第109~111页。

④ Tobin J. and Rose‐Ackerman S., "Foreign direct investment and the business environment in developing countries: The impact of bilateral investment treaties", William Davidson Institute Working Paper, No. 587, June 2003.

家缔结的双边投资协定对发展中国家吸引 FDI 有着显著的信号效应。Yackee（2007）通过对模型和分析方法进行改进，检验了 Neumayer 和 Spess（2005）的研究结果，表明发展中国家与 OECD 国家缔结的双边投资协定对发展中国家吸引 FDI 的信号效应非常微弱。① 同时 Aisbett（2007）也认为没有证据表明双边投资协定对 FDI 的流动存在信号效应。

（三）关于双边投资协定与东道国制度环境关系的研究

一些学者在研究双边投资协定对 FDI 流动影响的同时，还采用双边投资协定与东道国的制度环境（政治风险）的交叉项检验了双边投资协定与东道国的制度环境（政治风险）的关系，但没有得到统一的结论。Hallward – Driemaier（2003）、Yackee（2007）②、Kerner（2009）、Tobin、Rose – Ackerman（2011）③ 等人的研究表明双边投资协定对较好的东道国的制度环境（政治风险）具有补充作用。Neumayer 和 Spess（2005）、Busse 等（2010）认为由于双边投资协定对东道国的制度环境（政治风险）具有替代作用，因此双边投资协定是东道国改善投资环境的有效捷径。

## 二、关于以双边投资协定是异质为假设前提的研究

尽管现存双边投资协定的结构框架及核心内容大致相同，但文本协议的具体内容将因各缔约国的不同而存在一定的差异。所以从具体内容来看，各双边投资协定是异质的。因此，随着研究的深入，部分学者从异质性双边投资协定的角度来研究双边投资协定对东道国吸引 FDI 的影响，其主要结论是东道国缔结的双边投资协定的标准越高，对促进 FDI 流入其国内的影响就越大。

---

① Neumayer E. and Spess L.，"Do Bilateral Investment Treaties Increase Foreign Direct Investment to Developing Countries？"，*World Development*，Vol. 33，No. 10，2005，pp. 1567 – 1585.

② Yackee W. J.，"Sacrificing Sovereignty：Bilateral Investment Treaties, International Arbitration, and the Quest for Capita"，Ph. D. dissertation，University of North Carolina at Chapel Hill，2007.

③ Tobin J. and Rose – Ackerman S.，"When BITs have some bite：The political – economic environment for bilateral investment treaties"，*The Review of International Organizations*，No. 6，2011，pp. 1 – 32.

(一) 美式双边投资协定对 FDI 流动的促进作用比德式双边投资协定更大

Salacuse 和 Sullivan (2005)① 考察了 1998~2003 年 100 个发展中国家缔结的美式双边投资协定和德式双边投资协定对发展中国家吸引 FDI 的影响差异,结果表明美式双边投资协定对 FDI 流入发展中国家的促进作用略微强于德式双边投资协定对 FDI 流向发展中国家的促进作用。尽管美式双边投资协定对 FDI 流动的促进作用略微高于德式双边投资协定,但这也说明具有投资自由化和高保护待遇标准特征的美式双边投资协定更受到投资者的青睐。

(二) "南-北"型双边投资协定对 FDI 流向发展中国家的促进作用更大

Banga (2003)② 基于 1980~2000 年南亚、东亚和东南亚的 15 个发展中国家吸引 FDI 的流量数据和缔结的双边投资协定的累计数量比较了发展中国家与发达国家缔结的双边投资协定与发展中国家之间签订的双边投资协定对 FDI 流入发展中国家的影响的差异。检验结果发现,发展中国家与发达国家商签的双边投资协定对发展中国家引进 FDI 具有积极显著的影响,而与发展中国家缔结的双边投资协定没有对发展中国家吸引 FDI 产生显著影响。太平、刘宏兵 (2014) 也发现中国与发达国家签订双边投资协定对中国吸引 FDI 的促进作用大于中国与发展中国家缔结的双边投资协定的投资促进作用③。

(三) 双边投资协定的标准越高对发展中国家吸引 FDI 的促进作用越大

Jang 和 Lee (2011)④ 通过构建广泛的 BIT 指数,并基于 1985~2009 年 22 个 OECD 国家流向 18 个东亚、东南亚和南亚发展中国家的 FDI 流量数据,从双边投资协定异质性的角度分析了双边投资协定对 FDI 流动的影响。结果显示,对外资保护标准和自由化程度越高的双边投资协定,对 FDI 流动的促进作用越大,

---

① Sullivan N. P. and Salacuse J. W., "Do BIT Really Work? An Evaluation of Bilateral Investment Treaties and Their Grand Bargain", *Harvard International Law Journal*, No. 46, 2005, pp. 67–130.

② Banga Rashmi, "Impact of government policies and investment agreements on FDI inflows", New Delhi. Indian Council for Research on International Economic Relations Working Paper, No. 116, November 2003.

③ 太平、刘宏兵:《签订双边投资协定对中国吸收 FDI 影响的实证分析》,《国际商务——对外经济贸易大学学报》2014 年第 4 期,第 53~61 页。

④ Jang Kyunghwa and Lee Hongshik, "The Effect of Heterogeneous BITs on FDI Inflows: The Case of Developing Asian Countries", Korea University, 2011.

同时还发现双边投资协定与东道国的制度环境是替代关系。

Nguyen 等（2014）① 在构建 BIT 指数的基础上，利用 1995~2012 年越南与 57 个国家的双边 FDI 流量数据，从双边投资协定的异质性的角度分析了双边投资协定对 FDI 流入越南的影响。结果表明，越南与其他国家缔结的双边投资协定的标准越高，对 FDI 流入越南的推动作用就越大。

部分学者还考察双边投资协定的部分关键条款对 FDI 流动的影响。Yackee（2008）从国家的司法制度对私人商业行为影响的视角考察了强约束力的双边投资协定（包含完善的仲裁条款）和弱约束力双边投资协定（不包含完善仲裁条款）对外国投资者投资决策影响的区别，发现强约束力的双边投资协定没有对外国投资者的投资决策产生影响②。Berger 等（2013）③ 基于重力模型，利用 1978~2004 年 28 个投资国与 84 个东道国之间的双边 FDI 流量数据检验了双边投资协定中的 ISDS 条款、准入前国民待遇条款和准入前最惠国待遇条款对 FDI 流动的影响。结果发现，准入前国民待遇、准入前最惠国待遇等自由化准入规则促进了 FDI 的流动，而 ISDS 条款只在采用 GMM 分析法时才显示积极的影响。此外，Nguyen 等（2014）也发现宽泛的投资定义、包含国民待遇准入条款对促进 FDI 流入越南的影响更大。

## 第二节　双边投资协定对投资国对外投资的影响

双边投资协定不仅是东道国引进 FDI 的重要政策因素，同时也是投资国保护

---

① Nguyen Thi Viet Hoa, et al., "The Impact of Heterogeneous Bilateral Investment Treaties (BIT) on Foreign Direct Investment (FDI) inflows to Vietnam", Master Thesis World Trade Institute, 2014.

② Yackee, W. J., "Bilateral Investment Treaties, Credible Commitment, and the Rule of (International) Law: Do BITs Promote Foreign Direct Investment?", Law & Society Review, Vol. 42, No. 4, 2008, pp. 805 – 832.

③ Berger A. et al., "Do trade and investment agreements lead to more FDI? Accounting for key provisions inside the black box," Int Econ Econ Policy, No. 10, 2013, pp. 247 – 275.

对外投资、促进对外直接投资发展的重要措施。随着国际投资的发展，一些国内外学者从对外直接投资的角度来分析双边投资协定对FDI流动的影响，研究发现投资国与其他国家缔结的双边投资协定促进了本国对外直接投资的发展。

## 一、关于国外学者对双边投资协定对对外直接投资影响的研究

发达经济体是双边投资协定的倡导者和推动者，其最初的目的主要是保护本国的海外投资，促进本国对外投资的发展。随着双边投资协定的增加及FDI的增长，一些学者开始关注发达经济体与发展中国家的双边投资协定是否实现了促进发达国家对外直接投资发展的目标。

Kerner和Lawrence（2014）① 采用美国1997~2007年在非OECD国家的海外子公司的总资产、固定资产、非固定资产、工厂、财产及设备占资产的百分比为被解释变量，以东道国与美国是否存在生效的双边投资协定（包含FTA中的投资章节）为核心变量，同时以东道国的GDP、人均GDP、技术水平、通货膨胀、是否与美国缔结PTA、民主水平等变量为控制变量，实证检验双边投资协定对跨国公司行为的影响。结果表明，双边投资协定与美国海外子公司的总资产及流动资本的关系比较弱，而与固定资本配置和固定资本强度有着紧密的关系。

Egger和Merlo（2012）② 首先以异质性理论为基础从理论上分析了双边投资协定对跨国企业经营活动的影响，并得出双边投资协定有利于降低跨国企业在东道国的经营成本，从而促进跨国企业在东道国开设新的子公司和新工厂的结论。然后以德国海外企业的有关数据从微观的角度考察了双边投资协定对跨国企业经营活动的影响。结果发现：双边投资协定的签订增加了跨国企业在东道国的子公司的数量，同时还发现双边投资协定对跨国企业在东道国的工厂的数目、固定资产和FDI存量的增加均有着显著积极的影响。

---

① Kerner A. and Lawrence J., "What's the Risk? Bilateral Investment Treaties, Political Risk and Fixed Capital Accumulation", *British Journal of Political Science*, Vol. 44, No. 1, 2014, pp. 107 – 121.

② Egger P. and Merlo V., "BITs Bite: An Anatomy of the Impact of Bilateral Investment Treaties on Multinational Firms", *The Scandinavian Journal of Economics*, Vol. 114, No. 4, 2012, pp. 1240 –1266.

## 二、关于国内学者对双边投资协定对中国对外直接投资影响的研究

随着中国对外直接投资的快速发展及中国境外投资企业遭遇的政治风险的增加,国内学者也开始关注双边投资协定对中国对外直接投资的影响,并进行了一些相关的研究,发现双边投资协定对中国对外直接投资有着积极显著的影响。

宗芳宇、路江涌、武常岐(2012)① 基于中国上市公司 2003~2009 年对外直接投资的数据,从微观的视角分析了双边投资协定对中国企业境外直接投资活动的影响,结果发现:双边投资协定能够促进中国企业到缔约国投资。同时还发现双边投资协定能够替补东道国制度的缺位从而对中国对外直接投资进行保护,但这种影响对制度环境较差的缔约国的作用更大。

张中元(2013)② 利用面板门槛模型从宏观的角度检验了双边投资协定对中国对外直接投资的影响。研究结果表明,双边投资协定促进了中国对外直接投资流向 FDI 存量较大的 FDI 输入国,但双边投资协定与中国对中等收入水平经济体的直接投资没有关系;而双边投资协定还阻碍了中国对外直接投资流向吸引 FDI 较少的资本输入国。同时还发现,双边投资协定对中国企业的对外直接投资活动的积极影响与东道国的治理环境呈负相关关系。

李平、孟寒、黎艳(2014)③ 基于制度距离的视角,利用 2003~2012 年中国对 54 个国家和地区的对外直接投资数据,实证检验双边投资协定对中国对外直接投资的影响。结果发现:首先,制度距离会抑制中国对外直接投资的流出,双边投资协定的签订减少了中国企业走出去的障碍,并且双边投资协定对制度距离的抑制具有显著的反向调节作用。其次,双边投资协定的影响存在明显的国别差异,与发达国家签订的投资协定,直接作用不显著,间接作用显著;与发展中

---

① 宗芳宇、路江涌、武常岐:《双边投资协定、制度环境和企业对外直接投资区位选择》,《经济研究》2012 年第 5 期,第 71~84 页。
② 张中元:《东道国制度环境双边投资协议与中国对外直接投资——基于面板门限回归模型(PTR)的实证分析》,《南方经济》2013 年第 4 期,第 49~62 页。
③ 李平、孟寒、黎艳:《双边投资协定对中国对外直接投资的实证分析——基于制度距离的视角》,《世界经济研究》2014 年第 12 期,第 53~60 页。

国家签订的双边投资协定直接作用和间接作用都比较显著。最后，通过门槛回归模型确定中国签订双边投资协定的最优制度距离区间。

邓新明、许洋（2014）[①] 基于静态面板模型和 Hansen 门槛回归模型，以中国 2003~2012 年对 71 个国家（地区）的对外直接投资数据为基础，考察了双边投资协定、东道国制度环境对中国对外直接投资的影响。结果表明，中国与东道国签订双边投资协定对中国在该东道国的直接投资有着积极的影响。同时还发现，当东道国的制度环境在门槛值以下时，双边投资协定的促进作用是显著的；当东道国的制度环境跨越门槛值之后，双边投资协定的促进作用变得不显著，即东道国的制度环境质量越差，双边投资协定促进中国对外直接投资发展的效果就越大。

## 第三节　简要评述

国内外学者从多个角度采用多种分析方法，分析了双边投资协定对 FDI 流动的影响，得出了一些富有启示性的结论，推动了双边投资协定与 FDI 关系的研究和双边投资协定的发展。

学者们对双边投资协定对发展中经济体引进 FDI 影响的研究成果丰富，但结论尚存分歧。在双边投资协定对发展中经济体吸引 FDI 影响的直接效应方面，一部分学者认为双边投资协定对发展中经济体吸引 FDI 的影响比较模糊，另一部分学者认为双边投资协定是发展中经济体吸引 FDI 的重要因素。在双边投资协定与东道国的制度环境的关系方面，即间接效应方面，一部分学者认为双边投资协定可以替代东道国对外国投资者的保护制度来保护投资者，即双边投资协定与东道

---

① 邓新明、许洋：《双边投资协定对中国对外直接投资的影响——基于制度环境门槛效应的分析》，《世界经济研究》2015 年第 3 期，第 47~56 页。

国保护外国投资者的制度环境是替代关系；另一部分学者认为双边投资协定补充了东道国制度环境的缺陷从而促进FDI的流入，即双边投资协定与东道国保护外国投资者的制度环境是补充关系。尽管在双边投资协定对发展中国家吸引FDI的直接影响和间接影响方面的结论尚未达到统一，但是在异质性双边投资协定的影响方面的结论却是一致的，即高标准双边投资协定对发展中经济体吸引FDI的作用更大。

学者们在对双边投资协定促进发展中国家吸引FDI效果研究的同时，还对双边投资协定对对外直接投资的影响进行了研究。这方面的研究主要集中在美国、德国和中国等主要的国际投资大国。其结论基本一致，即双边投资协定对缔约国的跨国公司的海外经营活动或对外直接投资有着显著积极的影响。同时也发现，双边投资协定促进对外直接投资的效果受东道国的政治制度环境的影响。

虽然双边投资协定对发展中经济体吸引FDI影响的研究成果丰富，这促进了BIT对FDI流动作用的发挥，但研究仍存在一些不足之处：第一，国外学者多从东道国的角度研究双边投资协定对引进FDI的影响，而从母国的角度研究BIT对推动对外直接投资影响的研究较少，尤其是对像中国等一些新兴经济体国家缔结的双边投资协定对其对外直接投资影响的研究。第二，国内学者对双边投资协定对中国对外直接投资影响的研究多是以双边投资协定为同质的假设作为前提条件，进行整体研究，缺少对异质双边投资协定及一些关键条款对中国对外直接投资影响的研究。

# 第三章　双边投资协定对中国对外直接投资影响的机理分析

双边投资协定是缔约国之间为鼓励、促进和保护本国投资者在对方境内投资而签署的双边条约，主要包括投资及投资者的定义、投资待遇、征收与国有化的条件及补偿标准、收益汇出和争端解决等内容。然而传统双边投资协定的精髓并不是"鼓励与促进"投资，而主要是为了制止东道国恶意侵害投资者的权益。所以双边投资协定并不能同时直接完成"保护"与"促进与鼓励"的双重使命，而只能通过直接的"保护"作用来间接实现"鼓励"与"促进"的作用[①]。那么双边投资协定又是怎么通过其直接的"保护"作用来实现其间接的"促进与鼓励"作用的呢？本部分将通过构建数理模型来分析双边投资协定影响FDI流动的传导机制。

双边投资协定从表面上看是调整国际投资关系的重要法律工具，而从本质上看，双边投资协定就是缔约国联合干预双边资本流动的一种政策工具或制度规范，即特殊的政府干预市场方式。所以从某种意义上讲，双边投资协定就是政府与市场关系的一种表现形式。因而本章首先构建市场与政府关系的分析框架来分析政府与市场的关系，然后分析双边投资协定影响FDI流动的传导机制。

---

① 刘笋：《BITs准入前国民待遇——基于中国国际市场身份的转变》，《河北法学》2014年第32卷第11期，第174页。

# 第一节　政府和市场的关系

政府与市场的关系一直就是经济学界争论的主要话题。在政府与市场关系的争论中逐渐形成了两种截然相对立的经济学派，即自由放任学派和政府干预学派。自由放任学派坚持自由放任的市场经济，反对政府干预。自由放任学派认为市场通过价格机制可以实现资源的优化配置，而政府配置资源主要依靠行政命令，由于政府掌握的信息有限，且市场信息多变，这可能产生资源配置错位问题，因而政府配置资源的方式效率较低，且存在浪费的可能。因此，市场是最有效的资源配置方式。政府干预学派认为由于市场调节固有的缺陷导致市场存在宏观失灵和外部性、信息不对称、垄断等因素，从而导致市场微观失灵，造成市场调节经济的效率下降，而政府拥有的代表社会全体成员利益和具有强制权力的属性使其在宏观经济规划、提供公共物品、规制垄断等方面具有市场不可比拟的优势，所以政府干预比市场调节更有效。

这两种观点其实是把市场与政府作为完全平行的、对立对等的、非此即彼的两个极端。而实际上政府调节与市场调节是现代经济制度体系中调节经济的两种各有优势和缺陷的制度安排。所以，要充分发挥市场和政府调节经济的作用，关键是厘清二者各自发挥主导作用的领域及其界限。

## 一、市场机制调节与配置资源的特征

市场调节资源的领域只限于私人物品领域。市场与其他社会组织不同，它没有组织结构和领导体系，市场活动的所有参与者（个人、组织）都是平等的。市场配置资源和调控经济的方式就是在价格、竞争、供求等市场因素互相作用下，通过独立平等的市场主体参与市场交易活动来实现对私人物品的优化配置。市场机制的优势主要体现在直接利益相关者直接参与且独立决策，直接真实反映市场主体的需求。因而市场机制配置资源的效率较高。同时由于市场机制市场活动的参与者自主决策,导致这种交易决策只能适用于具有排他性、竞争性等特性的私有商品领域。公共物品具有消费上的非排他性特点,这样就会引起需求与供给无法通过市场机制来调节公共物品的供求问题,因此公共物品的供应就不能通过私人来供应,而是应由公共利益的代表者——政府来供应,且公共物品又是国民经济发展的前提和基础,若由个人或企业提供公共物品,将不可避免地会发生"搭便车"现象,这样就可能降低私人提供公共物品的积极性。

市场配置资源的缺陷需要政府的宏观调控给予弥补。市场机制通过价格、竞争和供求等机制实现资源的优化配置的方式是目前最有效的调节资源配置方式。但是一方面由于市场自身的盲目性、自发性、滞后性等缺陷的影响导致市场配置资源和调控经济时存在宏观市场失灵,比如宏观经济周期性波动、总需求与总供给失衡、财富分配差距过大等,另一方面由于市场机制发挥作用的部分环境因素的缺失(垄断、信息不对称、公共物品及外部性的存在)使价格机制的作用受到限制,导致微观经济失灵,比如垄断降低了竞争、信息不对称导致逆向选择等。市场失灵不仅降低了市场配置资源的效率,还导致了资源浪费和社会经济发展不稳定,但是市场机制的内在缺陷及市场机制发挥作用的部分环境因素的缺失仅靠市场的作用并不能纠正市场失灵,需要借助拥有代表全社会成员利益、强制权、征税权、处罚权等特征的政府的力量纠正市场失灵,促使市场作用正常发挥。所以在配置资源调控经济时政府机制的作用仍然不可缺少。

## 二、政府机制调节与配置资源的特征

政府通过行政命令的方式调控资源。由于市场缺陷和市场失灵导致市场机制配置资源和调控经济产生的宏观经济失调、贫富悬殊,引发了人们对政府干预经济的讨论。政府干预经济有效的假设条件是政府作为全社会成员的代表,其干预经济的目标与全社会成员的目标一致。同时,政府拥有全体社会成员和强制力的特征使政府在征税权、禁止某些活动的权力、处罚权、纠正"搭便车"、解决信息不对称等方面的优势更加明显①。因而政府配置资源的效率比市场高。政府机制主要通过行政命令方式（法律法规、政策等）来直接或间接地、有目的地将资源配置到相应的地方②。

政府配置资源的方式也存在政府失灵。尽管政府具有市场不可比拟的优势，然而政府在干预经济时也存在一些缺陷，导致政府失灵，最终造成配置资源和调节经济的效率较低。政府失灵的表现主要有：政府干预失败、成本过高、低效。导致政府失灵的原因主要有：第一，政府行为的结果与社会公众利益之间存在一定的差异。政府干预经济有效的假设条件是政府作为全社会成员的代表，其干预经济的目标与全社会成员的目标一致。然而，政府通常并不是所有成员的代表，而是某个或某几个利益集团的代表，因此政府的行为并不一定是为了谋取全社会成员的最大利益，而是为了实现某个或某几个利益集团的最大利益。所以政府干预经济的结果可能与社会利益目标不一致。第二，效率低是导致政府失灵的一个重要原因。政府干预经济的理论认为公共物品不宜由市场提供，而应该由政府提供。然而由于缺乏竞争导致政府提供公共物品的效率低下，从而造成提供公共物品的政府机构效益较低。第三，政府政策的不完备性和滞后性。政府根据所搜集到的信息来制定相应的政策，然而由于市场的信息不但量大而且分散，所以政府很难掌握市场上的全部信息。同时，即使政府掌握了完备的信息，然而市场上的信息千变万化，这将导致政府调控市场具有滞后性特征。

发挥市场的作用是克服政府失灵的有效措施。更好发挥政府作用的方式就是政府作用机制与市场机制相互融合。政府配置公共资源需要发挥市场的作用。首先，在克服市场失灵方面，政府应尊重市场规律。政府在提供公共物品时，也应在不改变市场决定的资源流向的前提下，利用财政和税收等方式按照公平的原则进行转移支付。其次，提供公共物品时政府应在条件许可的前提下引入市场竞争

---

① （美）约瑟夫·斯蒂格利茨：《政府为什么干预经济——政府在市场经济中的角色》，郑秉文译，中国物资出版社1998年版，第74~77页。
② 杜飞进：《论政府与市场》，《哈尔滨工业大学学报》（社会科学版）2014年第16卷第2期，第34~44页。

机制,以提高政府配置资源的效率。实际上,尽管公共物品由政府提供,但并非所有的公共产品均由政府部门生产和运作,有些公共产品在政府的指导下由私人部门生产和运营,其效率更高。政府可以采取向私人部门购买服务的方式,使部分公共产品的生产经营环节引入市场机制,这样会使公共服务更为有效、质量更高。最后,政府干预经济行为也应该受到法律法规的规范。用法律法规规范政府的决策方式和干预市场方式,使政府的决策公开透明,以便于监督,以防政府职能错位。

### 三、政府与市场的关系

以上分析表明市场起主导作用的领域是微观经济领域,其优点是高效。市场在微观经济领域起主导作用,但仍需要政府来提供维持市场秩序的法律法规、微观经济发展的基础设施等公共物品、保持宏观经济稳定的宏观经济政策。政府起主导作用的领域是宏观经济领域,其优势是能够使经济社会运行稳定和公平,但政府在宏观经济领域起主导作用也离不开市场的力量。市场的竞争机制可以提高政府配置资源的效率,市场配置资源的高效为政府实现社会公平提供了基础。所以说市场与政府各有优势和缺陷,且在某些情况下二者还能形成优势互补的局面。所以说二者不是对立替代的关系,而是一种优缺互补的力量。因此,在资源优化配置过程中,既要注重发挥政府在弥补市场缺陷方面的作用,也应有效发挥市场在完善政府力量不足方面的潜在作用,在政府管理中融入市场因素降低政府失灵的影响范围。

虽然在国民经济运行当中政府与市场是有距离的共生关系①,二者相互促进,共同促进资源的优化配置,实现经济的稳定发展,但二者又有各自起主导作用的领域,如果发生错位将不能达到预期结果,甚至发生资源浪费的现象。要充分发挥市场和政府对资源优化配置的作用,关键是界定二者发挥主导作用的领

---

① 张群群:《超越二元论:对政府与市场关系的反思》,《当代经济科学》2000 年第 6 期,第 8~12 页。

域。依据理论和实践，在国民经济运行过程当中，凡是市场可以做的，且比政府做得更好的均应交给市场。但这并不意味着完全放弃了政府对市场的干预，政府只是在市场不能或不愿进入的领域进入。政府主要进入的领域为：市场决定不了的，如涉及国家安全的领域由政府决定；市场失灵的，如公平分配和生态环境保护等由政府处理；市场解决不了的，如重大生产力布局、关键技术研发、战略性资源开发、重大公共利益等由政府处理；在市场作用的调节下企业不愿意进入的，比如公共性、公益性项目也由政府安排。政府不只是进入这些领域，而且还应该发挥强有力的作用。政府配置公共资源主要是通过政策路径带动生产资料的流动，以实现资源的优化配置，比如利用收入分配政策促进社会公平，利用产业政策导引产业结构转型升级，利用财政政策、货币政策等手段调节宏观经济运行。在国民经济运行过程当中，凡是市场能做得比政府更好的都交给市场，但政府在市场发挥主导作用的过程中应提供市场经济所需的必要条件，如法律法规、完善的市场体系。

## 第二节 双边投资协定影响 FDI 流动的传导机制分析

虽然双边投资协定在概念上是缔约国之间为鼓励、促进和保护本国投资者在对方境内投资而签署的双边条约，然而传统双边投资协定的精髓并不是"鼓励与促进"投资，而主要是制止东道国对投资者权益的恶意侵害。所以，双边投资协定并不能同时直接完成"保护"与"促进与鼓励"的双重使命，而只能通过直接的"保护"作用来间接实现"鼓励"与"促进"的作用。那么，双边投资协定又是怎么通过其直接的"保护"作用来实现其间接的"促进与鼓励"作用的呢？本书在借鉴 Emma Aisbett（2007）、Egger 和 Merlo（2012）、Sasse（2011）等人对双边投资协定对 FDI 流动影响分析的基础上建立数理模型来分析双边投协定影响 FDI 流动的机理。

## 一、基本假设

（1）假设企业和东道国政府都是风险中性的经济人。

（2）假设东道国对外资企业的政策有两种：一种是对跨国企业在其境内的投资实施征收，对跨国企业在其境内的投资进行征收获取的收入是跨国企业在其境内的固定资产投资；另一种是征税，税率为 t（0 < t < 1）。

为了简化分析，本书不考虑企业投资折旧、缔结双边投资协定的成本、外资企业对东道国的外溢效应。

## 二、双边投资协定对东道国与外资企业收益的影响

由于东道国和企业均是风险中性的经济人，且东道国对外国投资者的政策只有征收和征税两种。那么东道国将对通过征收外国投资者的财产带来的收益与通过对外国投资者征税而获得的收益进行比较来决定对外国投资者采取征收或征税不征收政策。也就是说，如果东道国征收外国投资者的财产获得的收益大于对外国投资者征税获得的收益，那么就对外国投资者采取征收的策略，否则就不征收。外国投资者将根据在东道国的收益来决定在东道国投资或不投资，即若在东道国投资能够盈利就投资，否则就不投资。而通常情况下，如果东道国存在明显的征收风险，那么跨国企业将不对东道国进行投资。为了吸引外资促进本国经济发展，各国在跨国企业在其境内投资之前，均承诺保护外资企业的合法财产，不对外资企业进行征收。当跨国企业在其境内投资之后，东道国政府将可能违背其承诺对跨国企业在其境内的投资实施征收。所以东道国对跨国企业的征收一般发生在机器设备、厂房建设等固定资产投资发生后的阶段。

设跨国企业在东道国的投资额为 k、跨国企业在东道国投资生产商品的数量为 f(k)、跨国企业在东道国生产单位商品的劳动力成本为 w、跨国企业在东道国投资中的固定资产投资（包括机器设备、厂房建设、办公产品等）为 v、跨国企业在东道国投资设厂过程中产生的交易成本（包括办理各种许可证、宣传公关、

# 第三章 双边投资协定对中国对外直接投资影响的机理分析

行贿等费用）为 c、跨国企业在东道国投资生产商品的价格为 p。

东道国政府对跨国企业在其境内投资的税收收入、跨国企业对东道国投资的收益分别为 T(t)、R(k)：

$$T(t) = t \times p \times f(k)$$
$$= tpf(k) \tag{1}$$

$$R(k) = p \times f(k) - w \times f(k) - t \times f(k) - c$$
$$= (p - w - t)f(k) - c \tag{2}$$

（一）东道国与投资国之间不存在生效的双边投资协定时

东道国对跨国企业征收的前提条件是征收获得的收益大于征税时的收益，即 v > tpf(k)。为了简化分析，不分析征收与征税相等的情形。

1. 当 v < tpf(k) 时

由于对跨国企业征收获取的收益小于征税的收益，所以东道国政府采取征税的政策，则东道国政府的收益 $G_1(t)$ 和跨国企业的收益 $R_1(k)$ 分别为：

$$G_1(t) = t \times f(k) \tag{3}$$

$$R_1(k) = (p - w - t)f(k) - c \tag{4}$$

2. 当 v > tpf(k) 时

由于对跨国企业征收获取的收益大于征税的收益，所以东道国政府采取对跨国企业实施征收的政策。同时，由于投资国与东道国之间没有缔结双边投资协定或缔结的双边投资协定没有生效，那么东道国对跨国企业在东道国的投资实施征收，可以不给予跨国企业任何赔偿。那么，跨国企业的收益 $G_1^*(t)$ 和跨国企业的收益 $R_1^*(k)$ 分别为：

$$G_1^*(t) = v \tag{5}$$

$$R_1^*(k) = -v - c \tag{6}$$

（二）投资国与东道国之间存在生效的双边投资协定时

1. 当 v < tpf(k) 时

由于对跨国企业征收获取的收益小于征税的收益，因此对跨国企业征税是东道国政府的最优选择。而双边投资协定中的公平公正、投资促进、最惠国待遇等投资待遇条款降低了投资交易成本,所以跨国企业在对东道国投资过程中产生的交易成本将减少,设为 $c^*$($c^* < c$)。同时由于本书假设缔结双边投资协定的成本为零,那么东道国政府的收益 $G_2(t)$ 和跨国企业的收益 $R_2(k)$ 分别为:

$$G_2(t) = t * f(k) \tag{7}$$

$$R_2(k) = (p - w - t)f(k) - c^* \tag{8}$$

2. 当 $v > tpf(k)$ 时

由投资国与东道国存在生效的双边投资协定,因此如果东道国对跨国企业在其境内的投资实施征收,那么东道国就需要根据双边投资协定规定的征收赔偿标准对外资企业给予补偿,设补偿额为 $m(0 < m)$。那么,此时东道国政府的收益 $G_2^*(t)$ 和跨国企业的收益 $R_2^*(k)$ 分别为:

$$G_2^*(t) = v - m \tag{9}$$

$$R_2^*(k) = m - v - c^* \tag{10}$$

由式(9)得,东道国对跨国企业征收获得的收益随征收补偿额的增加而减小。由式(10)得,当东道国对跨国企业在其境内的投资征收时,跨国企业的收益随征收补偿额的增加而增加或跨国企业的损失随征收补偿额的增加而降低。

### 三、双边投资协定对东道国政府与跨国企业的决策的影响

双边投资协定影响东道国政府与跨国企业决策的途径是通过对东道国和跨国企业的收益进行影响,进而影响二者的决策。

(一)双边投资协定对东道国决策的影响

由于 $G_1(t) = G_2(t)$,说明东道国政府对跨国企业采取征税的政策收益不受双边投资协定影响。

由于 $0 < m$,则 $v > (v - m)$,也即 $G_1^*(t) > G_2^*(t)$,这表明双边投资协定降低了东道国政府对跨国企业在其境内的投资进行征收而获得的收益。同时由式(9)得,在其他条件不变时,东道国对跨国企业在其境内的投资的征收所获取的收益随双边投资协定的征收补偿标准的提升而降低。由于征收收益的降低,东

道国对跨国企业在其境内的投资的征收意愿也在降低。这说明当双边投资协定的征收补偿标准提升到一定的程度时,东道国政府将不再征收跨国企业在其境内的投资。

(二)双边投资协定对跨国企业的决策的影响

由于 $c^* < c$,则 $R_1(k) < R_2(k)$。这说明在不存在征收风险时,双边投资协定对跨国企业在东道国投资的收益也有着积极的影响。双边投资协定有助于降低跨国企业在东道国投资的成本和提高投资收益,那么这将促进跨国企业对东道国的投资。

由于 $0 < m$,则 $R_2^*(k) > R_1^*(k)$,这说明双边投资协定降低了跨国企业在东道国投资遭受征收风险的损失。同时,由式(10)得,在其他条件不变时,跨国企业在东道国投资遭受征收风险的损失随双边投资协定征收补偿标准的提升而降低。这说明当双边投资协定的征收补偿标准提升到一定的程度,即使存在征收风险,跨国企业也可能对东道国进行投资。

**四、理论分析总结**

根据以上理论分析本书得到如下结论:

结论1:东道国政府倾向于对固定资产投资额较高的投资项目实施征收。

结论2:双边投资协定降低了东道国政府对跨国企业在其境内的投资,且双边投资协定的征收补偿标准越高,东道国对跨国企业在其境内的投资的征收意愿越低。

结论3:双边投资协定主要从两方面来促进跨国企业对东道国的投资:一是通过降低东道国的交易成本来提高投资收益;二是降低跨国企业在东道国投资面临的征收风险及遭受征收时的损失。

# 第四章 双边投资协定演变的历程和发展趋势

由于国际投资具有跨国性，其所产生的问题也具有跨国性，因而在国际投资保护与促进问题上，仅依靠单个国家的国内法律制度是远远不能满足要求的。所以在国际投资的促进与保护问题上，需要采用国际法律制度[①]。国际法律制度主要包括两个方面：一是双边调整方式，即两个国家间签订的条约；二是多边调整方式，即多国间签订的条约。虽然多边投资协定覆盖范围广、标准统一、便于管理，然而由于多边投协定涉及的缔约国较多，需要考虑的因素也就比较多，尤其是发展中国家与发达国家的经济发展水平差距较大，诉求不一致，利害对立，因此达成符合各方要求的多边投资协定的困难较大。与多边投资协定相比，双边投资协定的优势主要有：一是涉及的缔约方少，考虑的问题相对较少，容易达成一致意见；二是缔约国可以依据双方的实际情况灵活制定投资协定内容，剔除对自己不利的条款，从而更好地满足本国经济社会发展的需求[②]。因此，双边投资协定发展非常迅速，并逐渐成为调整国际投资关系的最重要的国际法律工具。

---

① 姚梅镇：《国际投资法》，武汉大学出版社1987年版，第282页。
② 卢进勇、余劲松、齐春生：《国际投资条约与协定新论》，人民出版社2007年版，第27页。

# 第四章 双边投资协定演变的历程和发展趋势

## 第一节 双边投资协定发展的现状

### 一、双边投资协定的数量在稳步增加

自1959年联邦德国与巴基斯坦签订全球第一个双边投资协定以来,全球双边投资协定的数量在稳步增加。截至2013年底,全球双边投资协定的数量接近3000个①。然而,在20世纪80年代以前,双边投资协定的数量一直处于缓慢增长的状态。到20世纪60年代末全球双边投资协定的数量仅为72个,到1979年底才增长到165个②。20世纪80年代在债务危机和自由主义的影响下,发展中国家尤其是拉美国家逐渐放松了对外资的管制,纷纷实施通过改善国内投资环境以引进外资,进而推动国内经济发展的经济发展战略,缔结双边投资协定就是其中一项举措。在此背景下,双边投资协定进入了快速发展时期,到1989年底全球双边投资协定的数量已达到385个③。进入20世纪90年代后,全球FDI进入快速发展时期,广大发展中国家纷纷加入到对外缔结双边投资协定的阵营当中,全球双边投资协定的发展进入了"井喷"阶段。10年间双边投资协定净增1472个,总量已接近2000个④。进入21世纪以来,双边投资协定的数量虽然在持续增长,但增长的速度有所放缓。20世纪90年代平均每周缔结4项双边投资协定,2010~2012年平均每周签订1项双边投资协定。2012年新增双边投资协定的数量为25项,达到25年间的最低水平⑤。

---

① 数据来源:《世界投资报告2014》,第102页。
②③ UNCTAD,"Bilateral InvestmentTreaties 1959 – 1999",United Nations,2000,p. 4.
④ UNCTAD,"Bilateral InvestmentTreaties 1959 – 1999",United Nations,2000,p. 1.
⑤ 数据来源:《世界投资报告2013》,第106页。

## 二、南-南型双边投资协定成为全球双边投资协定的重要组成部分

对投资国来说,通过对外缔结双边投资协定能够为海外投资者提供有效的保障,降低境外投资风险,以推动对外投资的发展;对于东道国来说,对外缔结双边投资协定可以向外界释放一种保护外国投资者和改善投资环境的信号,以引进外资。可以说,双边投资协定是投资国与东道国之间就投资保护与促进达成的一种均衡博弈结果。由于在20世纪60~70年代广大发展中国家刚刚独立,经济发展水平比较低,以引进外资为主,而对外投资的能力有限,且彼此之间发生投资活动的情况较少,所以发展中国家之间缔结的双边投资协定数量极少。同时发达国家的法律制度比较完善,且均实施保护外资和自由及便利化的外资政策,所以发达国家之间没有必要缔结双边投资协定。而发展中国家法律制度不完善,政策不透明且多变,容易恶意侵害投资者的利益,因而发达国家与发展中国家之间缔结双边投资协定对国际投资的流动有着重要的影响。因此,发达国家与发展中国家缔结的双边投资协定是全球双边投资协定网络的重要组成部分。但进入20世纪90年代后,随着具有对外直接投资能力的发展中国家的增加及双边投资协定具有改善双边关系的影响,发展中国家之间缔结的双边投资协定成为全球双边投资协定的重要组成部分。据 UNCTAD 统计,截至1989年底,发达国家与发展中国家之间签订的双边投资协定的数量占总量的68%,而发展中国家之间签订的双边投资协定的所占比重为10%,只有11个双边投资协定是发达国家之间签订的①。到1999年底,发达国家与发展中国家之间签订的双边投资协定的数量占总量的55%,发展中经济体及转型国家之间相互签订的双边投资协定的数量所占比重已达45%②。

## 三、以自由贸易协定为载体推动投资自由化

以前的双边投资协定具有很强的独立性,缔约国之间往往通过单独谈判制定

---

① 卢进勇、余劲松、齐春生:《国际投资条约与协定新论》,人民出版社2007年版,第104页。
② UNCTAD, "Bilateral InvestmentTreaties 1959-1999", United Nations, 2000, p.5.

双边投资协定的条款。然而随着全球价值链的发展,投资与贸易逐渐融合向投资贸易一体化方向发展,所以需要在更广泛的范围内来讨论贸易和投资问题。因此,自由贸易协定不仅包含贸易问题,还包含投资问题。在自由贸易协定发展的复杂化及自由贸易协定几乎都包含投资的章节的背景下,把投资协定纳入自贸区协定已成为推动投资自由化的重要形式,比如欧盟-加拿大自贸区协定、欧盟-新加坡自贸区协定及正在谈判的TPP和TTIP等自贸区协定均包含有关投资规则的内容。由此可以看出,以自贸区协定为载体推动投资自由化已成为全球投资自由化发展的一个重要趋势。

## 第二节 双边投资协定的演变历程

作为目前规范国际投资最重要的国际法律工具的双边投资协定经历了漫长的演变过程。双边投资协定先后经历了友好通商航海条约(简称通商航海条约)(Friendship, Commerce and Navigation Treaties, FGN)、投资保证协定(Investment Guarantee Agreement, IGA)和双边投资协定① (Bilateral Investment Treaties, BIT)。

### 一、友好通商航海条约

友好通商航海条约主要是调整缔约国之间的商务关系,缔约一方应给予另一方国民前来从事商业活动应有的保障、赋予航行自由等待遇。虽然友好通商航海条约的内容也包含一些有关于投资保护的规定,但其重点不是保护投资及投资者,而是保护航海贸易。美国是世界上最早采用友好通商航海条约的国家。1778年美国与法国签订了世界上第一个友好通商航海条约,1966年美国与泰国签订

---

① 本书所说的双边投资协定包括双边投资协定和自由贸易协定的投资章节。

的友好通商航海条约是美国缔结的最后一个友好通商航海条约①。由于友好通商航海条约中也包含一些有关投资的条款，同时由于"二战"前国际投资的量较小，有关投资的问题较少，因此资本输入国一般采用友好通商航海条约来规范两国的投资关系。像美国、日本及一些欧洲国家在"二战"前及"二战"后初期均采用友好通商航海条约来保护本国的海外投资。

（一）友好通商航海条约的内容

友好通商航海条约前后经历了 200 多年。在这期间，友好通商航海条约的内容随着国际投资的发展变化，也随之发生了较大变化。从整体上看，友好通商航海条约的内容变化可以以第二次世界大战为界分为两个阶段。

在第二次世界大战之前，国际投资的发展远落后于国际贸易，因此友好通商航海条约的内容是以调整双方的贸易为主，即使也包含投资保护的条款，但其重点不是保护工业投资者，而是保护商人。早期的友好通商航海条约通常只规定"公民（citizens）"、"臣民（subjects）"、"居民（inhabitants）"或"国民（nationals）"等是享受优惠待遇的具体对象，而没有或很少把公司作为享受优惠待遇的对象。早期条约的内容主要包括：①入境、旅行及住所；②个人基本自由；③关于外国人的待遇标准；④关于财产权的保护（包括外国人资产既得权的保护，实行征用、国有化的补偿）；⑤商业企业的活动及管理（包括公司设立、企业的经营活动及人员雇佣）；⑥税收待遇（包括约定范围的最惠国待遇）；⑦外汇转移；⑧商品交易；⑨航海及商品运输；⑩关于争议的处理和管辖②。从其内容来看，虽然也涉及国民待遇、最惠国待遇、征收补偿及资金和外汇转移等内容，但这主要集中在通商贸易方面，且适应对象主要是个人，而不是公司。比如，在 1911 年美国与日本缔结的友好通商航海条约中就出现了关于"外国法人承认"的条款③，且在 1923 年美国与德国缔结的友好通商航海条约中对"外国法人承认"的条款给予了详细准确的表述，但这也只规定了"外国公司的承认

---

① 余劲松：《国际投资法》，法律出版社 2007 年版，第 212 页。
② 姚梅镇：《国际投资法》，武汉大学出版社 1988 年版，第 283 页。
③ 陈安：《国际投资法学》，北京大学出版社 1999 年版，第 357 页。

问题",并没有规定另一缔约方给予公司国民待遇问题。

"二战"后,关税贸易总协定(GATT)成为调整国际贸易关系的主要组织机构,这大大降低了友好通商航海条约作为调整国家间贸易关系的重要国际法工具的地位。同时,"二战"后国际投资的蓬勃发展,也要求国际社会制定专门的国际法律制度来规范国际投资。战后国际社会对构建全球性的国际投资规范体系进行了一些努力,但由于资本输出国和资本输入国利益的对立、互不妥协,导致全球性的国际投资规范体系没有形成,比如《哈瓦那宪章》的投资部分。于是一些国家采用双边性的投资协定来规范国际投资关系。美国、日本等国家把友好通商航海条约作为保护海外投资的法律工具。于是保护私人海外投资就逐渐成为友好通商航海条约的主要内容和主要目的。随着友好通商航海条约的主要职能从贸易转向投资,其优惠待遇的享受对象也就逐渐扩大到公司。比如,1953年美国与日本签订的友好通商航海条约中规定:"缔约任何一方的国民和公司,无论是直接地,还是通过代理人或其他任何合法的法律实体的中介,在缔约另一方境内从事商业性、工业性或其他商务活动,均应得到国民待遇。" 同样,投资待遇、征收条件及补偿标准、资金及收益汇兑和争议解决等内容也逐渐成为友好通商航海条约的重要内容。然而,由于友好通商航海条约缔结于不同的时代,相对于战后国际投资的迅猛发展,许多条款已经落后。但由于友好通商航海条约涉及范围广、内容繁杂,有关投资保护的条款过于简略,远远不能适应国际投资发展的需要。于是,国际社会便开始寻求其他的缔约范式,以求更有利地保护国际投资。

(二) 对友好通商航海条约的评价

1. 友好通商航海条约的积极意义

虽然早期的友好通商航海条约的内容主要涉及通商贸易领域,涉及投资的内容较少,因此从某种意义上说,其不是投资条约。但是随着后来的发展,友好通商航海条约的内容不仅扩大到投资领域,并且已经包含了现代投资条约的投资待

---

① 陈安:《国际投资法学》,北京大学出版社1999年版,第369页。

遇、征收条件及补偿、资金及收益汇兑等核心内容，有时也涉及投资争议的解决。所以从性质上说，友好通商航海条约可以被视为是投资条约。同时，尽管友好通商航海条约还不能被视为完全意义上的投资协定，但战后的友好通商航海条约已经涉及了有关投资的关键问题，因而这一方面就为后来的双边投资协定的内容制定及谈判提供了经验借鉴，另一方面为战后初期国际投资的发展创造了有利的投资环境。

2. 友好通商航海条约的局限性

尽管友好通商航海条约规范了国际投资活动，推动了国际投资的发展，但是友好通商航海条约还存在一些缺陷。第一，缔约国主要是发达国家。虽然发达国家是友好通商航海条约的倡导者和积极的推动者，但是由于它是殖民时代的产物，战后刚独立的发展中国家对其比较敏感，所以发展中国家对缔结友好通商航海条约一直不积极。因而友好通商航海条约主要是在发达国家之间缔结的，而发达国家的海外投资所遭遇的政治风险却主要集中在发展中国家，因而友好通商航海条约也就不能发挥保护发展中国家的海外投资、促进发达国家对外投资发展的作用。这也是导致美国等发达国家放弃友好通商航海条约而采用专门的双边投资协定的一个重要的原因。第二，内容不完整。战后发达国家多实施了海外投资保险制度来降低东道国的政治风险对海外投资企业的影响。但这一制度的实施需要与其他国家缔结能够使该国（或指定的代理机构）具有代位求偿权的条约。但是友好通商航海条约没有这方面的内容。第三，友好通商航海条约在条款内容方面存在着条款内容规定比较模糊、抽象，争端解决机制约束力较弱，法律效力难以确定等方面的缺陷①。因而友好通商航海条约规范国际投资的能力有限，且随着"二战"后国际投资的发展，其解决投资问题的弊端也就越来越明显。

**二、投资保证协定**

"二战"后，刚刚独立的发展中国家视来自发达国家的国际投资为"特洛伊

---

① 慕亚平：《国际投资的法律制度》，广东人民出版社1999年版，第65页。

木马",因此对外资纷纷采取仇视态度,甚至对外资进行国有化及征收。美国为了保护其在发展中国家的投资建立了海外投资风险保险制度。海外投资风险保险制度的特征是投资者与国内专设的海外投资风险保险机构订立海外投资政治风险保险契约,约定由投资者承担支付保险费的义务,承保机构以契约规定当政治风险发生时向被保险的投资者赔偿因事故所遭受的损失。然后海外投资风险保险机构以损失者的身份要求投资者所在的东道国根据两国缔结的相关条约的约定对投资者的损失给予赔偿。因此,这种制度的首要前提就是要求东道国承认海外投资风险保险机构的代位求偿权。但友好通商航海条约没有规定代位求偿权,为了配合海外投资风险保险制度,美国又与许多发展中国家缔结了规定投资者母国的海外投资风险保险机构给予投资者赔偿后将取得代位求偿权的条约——双边投资保证协定。投资保证协定主要是美国和加拿大两国同发展中国家签订的双边投资条约。中国分别在1980年与美国和1984年与加拿大缔结了双边投资保证协定。

(一) 双边投资保证协定的特征

双边投资保证协定的内容只涉及政治风险的程序条款,并没有涉及投资促进及保护待遇的内容。双边投资保证协定主要包括投资风险保险机构的代位求偿权及争端解决机制等方面的内容。一般规定主要通过谈判协商和国际仲裁的方式解决双方争端。但其不包含投资促进及投资保护相关的内容,因此从一定意义上说它并不是完整意义上的双边投资条约。同时,双边投资保证协定的作用的发挥需要与友好通商航海条约配合使用,从某种意义上说,双边投资协定只是友好通商航海条约的扩大或补充①。

早期缔结的双边投资保证协定名义上是互惠的,而实际上是非互惠的、单方面的。随着发展中国家的要求,后来缔结的双边投资保证协定是互惠的。由于早期只有美国投资者在其他国家投资,而其他国家很少在美国投资,因此美国与其他国家的投资关系是单方面的。同时,广大发展中国家没有建立海外投资风险保险机构,即使是互惠的,对发展中国家的意义也不大。因此缔结的双边投资保证

---

① 姚梅镇:《国际投资法》,武汉大学出版社1988年版,第248页。

协定也是单方面的、非互惠的，只解决美国（加拿大）海外投资风险保险机构在另一缔约国境内的投资保险问题。

（二）对双边投资保证协定的评价

双边投资协定是国际投资法律规范体系建设的一个创举。尽管其内容只涉及政治风险的内容，还不是真正意义上的双边投资条约，但它采用建立风险保险机构规避东道国的政治风险和利用国际仲裁解决国际争端的方式不仅促进了国际投资的发展，而且还为后来国际投资法律规范体系的建设提供了经验借鉴。

双边投资保证协定缺少实体条款的局限性限制了其进一步发展。由于双边投资保证协定只有政治风险的防范和补救方面的程序性规定，所以需要和友好通商航海条约配合使用。但是友好通商航海条约重在规范双边贸易关系，而对双边投资关系的规范作用有限。因此随着友好通商航海条约的"没落"及双边投资保护协定的快速发展，双边投资保证协定也逐渐被双边投资保护协定所取代。

**三、双边投资协定**

"二战"后，国际社会为构建全球性的国际投资法律体系进行了不懈的努力，然而由于发达国家和发展中国家对国际投资法律体系的利益诉求的差异较大，导致全球性的国际投资法律体系未能建立。为了保护海外投资，发达国家采取缔结双边投资条约（也称为双边投资协定）的形式来替代全球性的国际投资法律体系，这种双边投资条约主要缔结于发达国家和发展中国家之间。由于谈判实力的差异等因素的影响导致双边投资条约只规定了东道国的义务和外国投资者的权利，而没有规定外国投资者的义务。随着发展中经济体对发达经济体投资的增加，原来约束发展中国家的双边投资协定逐渐束缚了发达经济体。同时，全球环境问题的凸显要求国际投资协定增加有关可持续发展的内容。因而近10年来的双边投资协定中逐渐加入了有关投资者的义务。这也是新一代双边投资协定与以往双边投资协定的显著区别。因而本书称只规定东道国的义务和外国投资者的权利的双边投资协定为第一代双边投资协定，称纳入投资者义务的双边投资协定为第二代双边投资协定。

（一）第一代双边投资协定

第一代双边投资协定又可以依据是否纳入投资自由化的内容分为德式双边投资协定和美式双边投资协定。

1. 德式双边投资协定

"二战"后，随着西欧主要国家经济的恢复，西欧诸国有大量的"过剩"资本要向他国寻找增值的途径。而广大刚刚独立的发展中国家的资源禀赋符合西欧诸国对外投资的需要。但是刚刚独立的发展国家之前大多是西欧国家的殖民地半殖民地，这些国家独立后对国家的经济主权特别重视，因而要求对外资进行绝对的管理和控制。同时这些刚独立的发展中国家法律制度不完善、政局不稳、政策多变，尤其是外资在发展中国家被征收及国有化的风险较高。很显然用来调整缔约国之间贸易关系的友好通商航海条约已不能适应新的形势了。为了保护本国的海外投资，西欧国家自20世纪50年代末以来，在传统的友好通商航海条约和投资保证协定的基础上，创制了一种新的规范双边投资的条约模式，即双边投资协定。由于该条约模式主要注重对投资者的保护，因此也被称为"投资保护协定"。同时由于该双边投资条约是由联邦德国发起的，因此也被称为"德式双边投资协定"（也有人称其为"欧式双边投资协定"，本书采用"德式双边投资协定"的名称）。其主要内容既包括投资待遇的实体条款，也包括投资争端解决机制的程序条款，其中实体条款主要有定义、公平公正待遇、最惠国待遇、国民待遇、征收条件及补偿标准、损害补偿、转移、代位求偿权等内容。

德式双边投资协定的首创者是德国，1959年德国与巴基斯坦缔结了全球第一个双边投资协定。随后瑞典、瑞士、法国等西欧发达国家也纷纷效仿德国与发展中经济体缔结双边投资协定来保护和促进海外投资。由于德式双边投资协定对市场准入、投资转移、业绩要求、征收（国有化）及争端解决等方面的要求标准较低，适合发展中国家的要求，同时西欧有关国家在与发展中经济体缔结双边投资协定时考虑到发展中国家的实际情况，给予发展中国家差别待遇，比如1986年中国－瑞士双边投资协定议定书的第2款规定"尽管由于两国间的经济和法律制度不同以及由于中华人民共和国国民经济发展的需要，瑞士投资者对其在中国进行的投资不能要求在各方面都享受与中国投资者相同的待遇"①。因此不仅发展中国家同意与发达国家签订类似模式的投资协定,并且发展中国家之间也积极缔结类似的双边投资协定。所以德式双边投资协定获得了快速发展,目前现存的双边投资协定大部分都属于德式双边投资协定。

2. 美式双边投资协定

在第 17 届联合国大会上通过的第 1803（XVI）号决议,即《关于自然资源永久主权的决议》②的影响下,发展中国家频繁征收及国有化外国投资,仅靠友好通商航海条约和投资保护协定,已不能很好地保护美国海外投资者的利益。同时,欧洲的双边投资协定对投资者实施的较为温和的保护策略不为美国所接受。因此为了维护海外投资者的利益及为了树立美国在国际投资规则领域的领导地位,20 世纪 80 年代初美国创制了有别于德式双边投资协定的双边投资条约模式。由于其由美国推出,且与德式双边投资协定有一定的差异,因此被称为"美式双边投资协定"。美式双边投资协定在内容条款方面不仅纳入了德式双边投资协定中的对投资者保护的内容,而且还纳入了有关投资自由化的内容,因此从某种意义上说,美式双边投资协定是德式双边投资协定的"更新版"和"升级版"③。美式双边投资协定推出后其邻国加拿大也采用类似的范本与其他国家缔结双边投资协定。

3. 德式双边投资协定与美式的双边投资协定的比较

德式双边投资协定和美式双边投资协定的初衷均是为了保护资本输出国的海外投资,但美式双边投资协定除了保护海外投资外还有推动投资自由化及掌控全

---

① 参见 1986 年中国－瑞士双边投资协定议定书第 2 款。

② 在 1962 年 12 月召开的第 17 届联合国大会上通过了第 1803（XVI）号决议,即《关于自然资源永久主权的决议》（简称"永久主权决议"）,突出强调了各国处置本国财富和自然资源的独立自主权利。同时还规定了对外国投资征收的条件和赔偿原则,即"采取国有化、征收或挪用措施,应当以公用事业、社会安全或国家利益等理由或原因作为依据,这些事业、安全或利益被公认为远较纯属国内外个人的利益或私家的利益重要得多",关于赔偿问题该决议规定,"采取上述措施以行使其主权的国家应当按照本国现行法规和国际法的规定,对业主给予适当补偿"。

③ 曾华群:《论我国"可持续发展导向"双边投资协定条约的实践》,《厦门大学学报》（哲学社会科学版）2015 年第 1 期,第 80 页。

球投资规则制定的话语权的目的。二者的目标的差异导致了二者在框架结构及条款内容等方面存在一些差异。

（1）美式双边投资协定的框架内容更完整、更详细。德式双边投资协定框架结构主要包括序言、投资定义、绝对待遇、相对待遇（国民待遇、最惠国待遇）、征收条件及赔偿标准、损害补偿、代位、转移和投资争端解决机制等内容，从表面上看德式双边投资协定为投资者在海外投资的每一环节都提供了保护，但德式双边投资协定的内容较为简单和概括。而美式双边投资协定在德式双边投资协定的基础上增加了透明度问题、禁止业绩要求问题、自由选择高管问题、税收问题、权利的保留、条约不得妨碍的措施、国民待遇和最惠国待遇的例外列表。因此，美式双边投资协定的框架结构和条款内容更加完整。

（2）美式双边投资协定具有更高的准入标准。考虑到发展中国家对外资管制的需要和西欧诸国实施的社会市场经济管理体制及对外资政策的开放度有限等问题，西欧诸国与发展中国家缔结双边投资协定时一直把对投资者及投资的保护作为双边投资协定的核心内容，而对于准入问题则采取将其归入东道国的国内管辖的事项中，比如1984年中国-芬兰双边投资协定的第2条第1款规定"本协定只适用于依照接受投资的缔约方的法律、法规和程序所进行的投资"①，或不对准入问题给予明文规定。而美式双边投资协定要求对外资准入实行国民待遇和最惠国待遇，并拆除各种阻碍外资进入的业绩要求。

（3）美式双边投资协定具有较高的投资待遇标准。在投资待遇标准方面二者的区别重点在国民待遇上。由于欧洲诸国对国民待遇和最惠国待遇的重视程度不同，有些国家比较重视国民待遇，比如英国、西班牙等，有些国家比较重视最惠国待遇，比如法国、比利时等，同时发展中国家不愿接受国民待遇。因而欧洲诸国在与发展中国家缔结双边投资协定时对于国民待遇一般有三种形式：一是采用模糊规定的方式，比如1964年德国-肯尼亚双边投资协定第2条规定"一缔

---

① 参见1984年中国-芬兰双边投资协定第2条第1款。

约方给予另一缔约方对其领土内任何类的投资给予国民待遇"①；二是设置限制条件，比如 1986 年中国－英国双边投资协定第 3 条第 3 款规定"除本条第 1、2 款的规定外，缔约任何一方应尽量根据其法律和法规的规定给予缔约另一方的国民或公司的投资与其给予本国国民或公司以相同的待遇"②；三是未纳入国民待遇条款，比如 1982 年中国－瑞典双边投资协定就没有国民待遇条款。美式双边投资协定不仅规定了国民待遇，而且列出了国民待遇的例外列表，使给予外国投资及投资者的国民待遇更加清晰。并且随着实践的发展，美式双边投资协定把国民待遇的范围逐渐向准入阶段延伸，比如 1996 年美国－克罗地亚双边投资协定第 2 条第 3 款规定："涉及在设立、获取、扩张、管理、经营、出售、清算等有关投资的活动，在相似情况下，任一缔约方给予另一缔约国的投资及投资者的待遇不得低于给予本国投资及投资者的待遇。"③

（4）美式双边投资协定具有更高的保护标准。尽管美式双边投资协定和德式双边投资协定均强调对外资的保护，但美式双边投资协定因其具有更加完备的征收条件、更高的征收补偿标准、更高效的投资争端解决机制，所以美式双边投资协定对外资的保护标准更高。

在征收方面，美式双边投资协定规定了严格的征收条件和补偿标准。美式双边投资协定规定了较多的征收条件，且对补偿标准采用"充分、及时、有效"的赫尔三原则，比如 1983 年美国－塞内加尔双边投资协定的第 3 条第 2 款规定："任何缔约国不得征收或国有化另一缔约国的国民和公司在其境内的投资……除非征收是基于：①出于公共利益需要；②遵守相应的法律程序；③非歧视；④给予及时、充分足够以及自由实现的赔偿；⑤不违反特定合同承诺。补偿应等同于被征收的投资的公平市场价值。公平市场价值不得因征收事件被公众知晓或征收行为的宣告或导致征收行为的任何事件之影响而发生价值减损。补偿的支付不得拖延且能够有效实现。补偿应当包括自征收之日起的利息损失，利息应当依据相

---

① 参见 1964 年德国－肯尼亚双边投资协定第 2 条。
② 参见 1986 年中国－英国双边投资协定第 3 条第 3 款。
③ 参见 1996 年美国－克罗地亚双边投资协定第 2 条第 3 款。

## 第四章 双边投资协定演变的历程和发展趋势

当于国际通行市场利率的利率计算。补偿支付得依据征收之日的通行市场汇率自由转移。"① 而德式双边投资协定对征收及补偿规定的规定标准相对较低，征收的条件一般只包含美式双边投资协定中的其中一条或几条，补偿标准采用"适当"或"合理"的标准，比如1985年中国-意大利双边投资协定的第4条第2款规定："缔约一方为了公共利益，可以对缔约另一方国民或公司在其领土内的投资实行征收、国有化或采取其他类似措施，但应给予补偿。补偿应相当于宣布征收时该项投资的价值。补偿的支付应能兑换和自由转移，并不应不适当地迟延。"②

在转移方面，德式双边投资协定和美式双边投资协定均强调自由转移，但德式双边投资协定在实际中允许一些东道国设置"依照东道国的法律法规规定"的限制条件，同时还有一些例外条件，比如国家收支失衡等；而美式双边投资协定的转移比较便利，一般均规定"缔约国各方均应允许有关投资的一切款项自由地和及时地汇入境内和汇出境外"③，但可以采用有关申报货币汇兑和征收所得税的法律法规对投资转移进行规制。

（5）美式双边投资协定的约束力更强。一般认为外国投资者在东道国是弱势群体，东道国的司法系统有可能偏袒东道国政府，且外国投资者在东道国搜集东道国政府违反协议规定存在困难，因此投资者倾向于通过国际仲裁的方式解决投资争端。因此，有利于采用国际仲裁的方式解决投资者与东道国争端的双边投资协定对投资者的保护力度更高，解决争端的强度更高。强有力的争端解决机制被誉为"双边投资协定的牙齿"④。在投资者与东道国的争端解决机制方面，德式双边投资协定与美式双边投资协定的区别主要集中在私人投资者与国家的争端解决机制方面。与德式双边投资协定相比，美式双边投资协定对投资者把投资争

---

① 参见1983年美国-塞内加尔双边投资协定的第3条第2款。
② 参见1985年中国-意大利双边投资协定的第4条第2款。
③ 参见美国1984BIT年范本第4条第1款。
④ 温先涛：《孰南？孰北？妥协还是共识？——评中国-加拿大投资保护协定》，《武大国际法评论》2014年第16卷第2期，第279页。

端提交国际仲裁的限制较少,且对东道国国内救济的重视程度也较低。美式双边投资协定虽然也强调通过东道国救济的方式来解决投资者与东道国的争端,但是在实际当中美式双边投资协定直接或间接弱化了东道国救济的作用。美式双边投资协定对采用国际仲裁的方式解决投资争端的限制条件较低,比如1982年美国-埃及双边投资协定规定:"投资争端发生6个月内没有通过友好协商的方式有效解决,且投资者也没有把投资争端提交东道国的司法或行政机构,就可以把投资争端提交国际仲裁庭。"① 而德式双边投资协定尽管也强调国际仲裁的方式对投资争端解决的重要意义,但在实际中在有些协议文本中对采用国际仲裁的方式设置了较多的限制条件,使投资者与东道国的争端解决过多地依赖东道国救济的方式来解决,比如1992年中国-葡萄牙双边协定的第8条规定:"一、缔约一方的投资者与缔约另一方之间就在缔约另一方领土内的投资产生的争议应尽量由当事方友好协商解决。二、如争议在六个月内未能协商解决,当事任何一方有权将争议提交接受投资的缔约一方有管辖权的法院。三、如涉及征收补偿款额的争议,在诉诸本条第一款的程序后六个月内仍未能解决,可应任何一方的要求,将争议提交专设仲裁庭。"②

（6）美式双边投资协定纳入了投资自由化条款。美式双边投资协定除了提高外资的准入待遇和保护标准外,还对投资自由化进行了创新性尝试。美式双边投资协定在投资自由化方面的创新尝试主要表现在两方面:一是大大削弱了东道国对投资准入的控制权。美式双边投资协定不仅纳入了国民待遇和最惠国待遇,而且还拓展了国民待遇和最惠国待遇的适用范围,把国民待遇和最惠国待遇的适用范围拓展到准入前阶段,且把东道国认为需要保护、需要监管的行业提前公布。这不仅提升了外国投资者的投资准入待遇水平,而且还大大削弱了东道国对外资的审批权。同时,美式双边投资协定还增加了禁止准入业绩要求条款,从而削弱了东道国在外资审批过程中实施投资措施的权力。二是提升了外国投资者在

---

① 参见1982年美国-埃及双边投资协定第6条第2、3款。
② 参见1992中国-葡萄牙双边协定的第8条。

东道国经营的便利化水平。美式双边投资协定纳入了透明度问题和自由雇佣高管问题,从而提升了东道国投资环境的可预测性和外资企业经营的自由度。美式双边投资协定对投资自由化条款的创新尝试不仅改变了传统德式双边投资协定在投资自由化方面的谨慎立法模式,而且还为投资准入自由化的立法模式指明了方向。

4. 小结

德式双边投资协定对外资的待遇标准较低,在投资自由化方面相对缓和,反映了发展中国家经济发展的现实和对外资管辖的要求。因此,德式双边投资协定受到广大发展中国家经济体的接受和欢迎,并成为全球双边投资协定的主流模式。与德式双边投资协定相比,美式双边投资协定不仅具有较高的投资待遇和保护标准,而且投资自由化标准也较高,其已经把国家间的投资关系从投资"保护"扩张到东道国的外资"管理"领域,严重削弱了东道国对外资的管制权利,大大超过了发展中国家所能接受的范围。因此,美式双边投资协定的发展一直缓慢。但美式双边投资协定中所涉及的投资规则是国际投资规则发展的趋势。随着国际投资的发展及美国的极力推动,美式双边投资协定所倡导的国际投资标准逐渐被国际社会所接受,并得到不少国家的效仿。并且已经出现了德式双边投资协定向美式双边投资协定发展的趋势。

(二) 第二代双边投资协定

FDI 在推动东道国经济发展的同时,也给东道国的经济社会发展带来了一些挑战,同时,由于近几年国际投资争端解决中心裁决的投资者-国家的争端挑战了东道国公共政策管理的空间,于是国际社会提出双边投资协定不能只强调东道国对投资者的保护,还应强调外国投资者在东道国的义务,因而应当对 FDI 进行管制。但是国际投资依然是推动世界经济发展的重要动力,所以推动投资自由化对全球经济发展依然有着重要的意义。经济社会环境的变化要求投资政策也应随之变化。所以双边投资协定应该在保护投资、推动投资自由化的基础上增加投资者义务的相关内容。为了适应社会发展的变化,美国于 2004 年推出了新一代双边投资协定范本(简称美国 2004BIT 范本)。在美国 2004BIT 范本的影响下,中国、加拿大等国在借鉴美国2004BIT范本的基础上修订了本国的双边投资协定范本。

第二代双边投资协定的显著特征是其不仅规定了东道国对外国投资的保护义务，而且还规定了东道国对外国投资者的管辖权利，使双边投资协定朝着东道国与外国投资者的权利与利益平衡的方向发展。同时，新一代双边投资协定还通过扩展投资的定义、提升透明度规则的标准等来推动投资自由化。具体特征如下：

（1）可持续发展的有关内容被纳入双边投资协定。随着全球对可持续发展关注的增加及国际投资争端涉及环保的案例的增加，可持续发展逐渐被纳入国际投资协定中，国际投资协定日益呈现出可持续发展的特点。可持续发展成为双边投资协定重要内容的表现是环境和劳工条款以独立条款的形式被纳入双边投资协定中，且给予详细的规定。以往的双边投资协定中也包含有关可持续发展的内容，但主要是在序言部分，且都是采用原则、模糊的表现形式。2004年美国BIT范本中把环境和劳工以独立条款的形式纳入双边投资协定，且明确规定缔约国不能为了吸引外资而降低劳工和环境等方面的法律或标准①。作为美式双边投资协定的最重要的跟随者，加拿大也在2004年的范本中纳入了环境和劳工条款。

（2）朝平衡投资者与东道国利益平衡的方向发展。随着发展中国家在世界经济格局中地位的提升，发展中国家要求变革双边投资协定只强调东道国的义务而没有强调外国投资者的义务这种不合理的国际投资规则的呼声逐渐增加。同时，随着发达国家投资的增加，双边投资协定已经束缚了发达国家对外资的管理，因此部分发达国家要求变革双边投资协定内容。在这种背景下，国际社会在平衡东道国和外国投资者权利和义务的前提下逐渐开始变革双边投资协定的内容条款，其重要表现是一方面完善例外条款，另一方面变革投资者与国家争端解决机制。

增加例外条款内容。合理平衡和协调外国投资者与东道国权利和义务的关系，在现行双边投资协定框架下增添"例外条款"（Exception），将是一个可行

---

① 参见美国2004BIT范本第13、14条。

有效的改进方案,①虽然例外条款不能完全解决东道国与外国投资者之间的矛盾②,但在东道国保护外国投资者的同时也为加强对外国投资者的监管预留一定的空间,从而在一定程度上缓解了二者的矛盾。"例外条款"也称"逃避条款"或者"免责条款",是指在一定条件下缔约国可以实施违反条约规定的行为而无须承担责任的条款。因此从某种程度上说,例外条款是一种免责保险机制,对于平衡东道国和外国投资者的权利和义务有着重要的意义。以往的双边投资协定中也包含例外条款,但比较简单,一般只包含有限范围内的排除在条约保护范围外的监管措施③,比如最惠国例外条款和必要的安全保障。随着东道国因实施公共政策而被外国投资者诉请到国际仲裁庭的案件越来越多,国际社会就借鉴 WTO 中一般例外条款在双边投资协定中添加多项例外条款来平衡东道国和外国投资者的权利和义务,并完善双边投资协定的框架结构。其最初主要出现在美国缔结的双边投资协定和自由贸易区协定中,而目前例外条款受到普遍重视,不仅其他发达国家的双边投资协定中含有例外条款,比如 2004 年加拿大 BIT 范本、2005 年德国 BIT 范本,而且发展中经济体也对例外条款给予了特别关注,比如 2003 年印度的 BIT 范本、2010 年中国 BIT 范本中均含有例外条款。随着经济社会的发展,例外条款涉及的内容在逐渐增加。近年来,保持文化多样性、艺术、历史或考古价值的国宝等内容也被纳入了例外条款。比如 2004 加拿大 BIT 范本第 16 条第 6 款规定"本协定之规定不适用于文化产业投资"④;2012 年中国 – 加拿大双边投资协定的第 33 条第 1 款规定"本协定中任何规定均不适用于与文化产业相关的措施"⑤;澳大利亚与韩国 FTA 的例外条款规定包含"为保护具有艺术、历

---

① 余劲松:《国际投资条约仲裁中投资者与东道国权益保护平衡问题研究》,《中国法学》2011 年第 2 期,第 132~143 页。
② 葛仲彰:《中国 BIT 实践的最新发展》,《长春理工大学学报》(社会科学版) 2014 年第 27 卷第 7 期,第 47~51 页。
③ 林一:《简论新一代国际投资协定中的一般例外规则》,《甘肃政法学院学报》2012 年第 11 期,第 107~113 页。
④ 参见加拿大 2004BIT 范本第 16 条第 6 款。
⑤ 参见 2012 年中国 – 加拿大双边投资协定的第 33 条第 1 款。

史或考古价值的国宝所采取的措施"①。例外条款的纳入为东道国增加了政策空间，缓解了东道国与外国投资者的矛盾。

改革及创新投资者－国家争端解决机制条款。采用国际仲裁的方式解决投资争端是双边投资协定的一个重大创举，但是由于有关投资争端的国际仲裁机制存在着透明度低、过度维护投资者利益的缺陷，导致一些经济体提出退出国际争端解决中心或终止双边投资协定中有关通过国际仲裁解决投资争端的条款。虽然投资争端解决机制固有的缺陷导致其遭受广泛批评，但这并不说明投资争端解决机制的失败，且目前条件下，还没有一个相对完善的机制来代替投资争端解决机制来解决投资争端问题。于是国际社会从平衡保护投资者权益和国家主权监管的角度出发，推动完善投资争端解决机制的实践，以促进其积极作用的发挥。第二代双边投资协定从以下几方面对投资者－国家争端解决机制进行改革使其适应形势的发展。第一，限制投资者提请国际仲裁的争端范围。尽管美国2004BIT范本包含37个条款和4个附件，然而其仅把涉及"国民待遇、最惠国、最低标准、征收及国有化、转移、履行要求、高管问题、有关投资的法律和决定的发布"②等8个条款下的义务的争端纳入国际仲裁的管辖范围。同时为了避免"马菲基尼诉西班牙案"的重演，美国自2004BIT范本开始就把最惠国待遇的适用范围限制在"投资的设立、取得、扩大、管理、经营、运营、出售或其他处置"③之内。在美国的影响下，加拿大、中国等国的双边投资协定范本也均对最惠国待遇的适用范围做了明确的限制。对提请仲裁庭争端范围的限制，降低了东道国被诉的概率。第二，提高仲裁程序透明度。美国2004BIT范本提出了向非争端的第三方及公众公布不涉及需要保护的信息、接受法庭之友参与仲裁等建议，以提升仲裁程序的透明度。④第三，提出建立上诉机制的建议。由于目前有关的投资争端国际仲裁途径均是终审仲裁，且缺乏必要的监督机制，这样就容易造成仲裁判决不

---

① 参见澳大利亚－韩国FTA第22条第1款。
② 参见美国2004BIT范本第34条第1款。
③ 参见加拿大2004BIT范本第4条。
④ 参见美国2004BIT范本第29条。

公。为了解决这种问题,美国在2004BIT范本中提出了建立多边的上诉机构,以审查依据投资协定及贸易协定组成的仲裁庭对投资争端的处理裁决①。同时还对投资者申诉索赔的时间及对可能的索赔依据等均给予了限制②。尽管国际社会对改革投资者争端解决机制实施了一定的探索,但是尚未达成共识,且目前仍缺乏对单项改革方案的系统评估——可行性、潜在效益、实施方法以及提上日程的步骤评估。

(3)内容更加完善详细。以往采用模糊原则的表述方式导致了投资争端,各国在吸取国际仲裁处理投资争端问题的实践基础上,采用更加规范的表述方式对以往的内容条款给予修订和完善。这主要表现在公平公正条款的详细界定和间接征收的界定。

界定最低标准。以往的双边投资协定有些也规定了公平公正的待遇标准是国际最低标准或国际法标准,但是没有对国际最低标准即国际法标准给予界定。这一模糊的规定就引发了一些投资争端,投资者可以认为给予投资者的待遇没有达到"最低标准"而对东道国政府进行起诉,比如迈克尔公司起诉加拿大政府的仲裁案件③就是双方对"最低标准"的不同理解造成的。为了避免类似问题的发生,美国在2004BIT范本中对"最低标准"给予了相对详细的界定。同时不仅界定了"最低标准",而且还界定了最低标准与其他待遇条款的关系,认为"对本条约其他条款或其他国际条约的违反不构成对本条的违反"。④ 此外,为了避免因国际习惯法的理解不同产生投资纠纷,美国在2004BIT范本中还对国际习惯法给予了解释说明,国际习惯法认为"国际习惯法"主要指国家认为其具有法律义务的普遍和连续的实践⑤。对最低标准、最低标准与其他待遇条款关系和国际习惯法的界定既降低了投资争端,也为投资者创造了透明、可预测的投资环境。

---

① 参见美国2004BIT范本第28条第10款。
② 参见世界投资报告2102,第97页。
③ 魏卿、魏逊:《美国双边投资协定的最新发展——对2004年范本(草案)的内容分析》,《河南司法警官职业学院学报》2005年第3卷第1期,第89~92页。
④ 参见美国2004BIT范本第5条第3款。
⑤ 参见美国2004BIT范本附录A。

间接征收的界定。以往的双边投资协定的征收条款主要对直接征收的规定比较清晰，而对间接征收的规定一般采用"等同于征收"等笼统、模糊的表述方式。这种笼统模糊的表述方式同样也造成了投资纠纷，比如保罗·台布赖特（Pope & Talbot）公司起诉加拿大案的投资仲裁案。为了加强对外资的监管和海外企业维护权益，美国在2004BIT范本中对间接征收进行了详细界定。在间接征收界定中不仅界定了政府间接征收的行为的特征，而且还规定了政府的行为虽符合间接征收的特征，但为公共利益出发的征收应不属于间接征收。因此界定间接征收不仅有利于保护投资者，而且还为政府增添了政策空间。

（4）投资定义的扩展。投资的定义是双边投资协定中重要的条款，其重要作用就是确定其适用的对象，即确定了投资条约保护的范围①。随着国际投资实践中跨国公司在海外经营模式日益增多及投资自由化已成为国际投资发展的趋势，双边投资协定为了适应新的形势，其投资的定义的范围也在不断扩展，定义的方式在向以资产方式和企业方式融合的方向发展。为了给未来新出现的投资形式提供保护，美国在2004范本中将具有"投入、获得收入或利润的预期以及对风险的预估"②特征的资产及其他价值资源也纳入投资的类型。在美国2004范本的影响下中国等国家的双边投资协定范本把"资本或其他资源的投入、对收益或利润的期待、对风险的承担特征"③的投资纳入双边投资协定投资的定义。

（5）提高非争端解决机制的透明度的规定标准。在国际投资领域，透明度是国际投资自由化的重要要求。投资自由化要求东道国的信息流动顺畅、投资环境的可预期性。这种要求在投资规则方面的表现就是东道国法律、法规及相关政策的透明度。透明度要求东道国的法律、法规及政策要公开，让外国投资熟悉东道国的法律、法规及各项政策，以确保对外资管理的透明。因此，透明度要求使外国投资者能够及时了解投资过程中可能遇到的政策法规变化并表达意见，这不但提高了外国投资者对东道国投资环境的可预见性，而且还在一定程度上制约东

---

① 余劲松：《国际投资法》，法律出版社2007年版，第219页。
② 参见美国2004BIT范本的投资定义。
③ 参见中国2010BIT范本的投资定义。

道国滥用外资监管权损害外国投资者利益①。以往关于透明度的规则主要是对有关投资的法律法规及相关政策的及时公布，比如1999年美国－巴林双边投资协定的第2条第5款规定："缔约国各方应确保及时把有关于或影响到各种投资的一切法律、条例、行政措施、程序规定以及各种判决裁决，公布周知。"② 而在新时期双边投资协定提高了透明度的标准。美国2004BIT范本中关于透明度的条款中不仅规定缔约方应及时公布与投资有关的政策、法律法规，而且还要求"在可能的限度内"提前公布有关的信息。同时美国2004BIT范本还增加了与联络点有关的内容。

## 第三节 未来双边投资协定发展的趋势

投资者滥用投资者－国家争端解决机制及仲裁员对双边投资协定的宽泛解读造成一些争端裁决严重挑战了东道国的经济主权，因而一些国家提出变革双边投资协定规则。同时，全球价值链的深化和发展及全球环境问题的凸显也要求变革现有的国际投资规则。在新一轮国际投资规则的重塑过程中，双边投资协定未来朝什么方向发展呢？本部分重点来分析双边投资协定未来的发展方向。

### 一、更高的自由化程度

在全球价值链深化的影响下，无国界的生产－销售商业模式逐渐形成。而这种商业模式要求破除边界的束缚，使商品、人员、服务与投资在全球范围内自由流动。投资政策并非凭空产生，而是根据政治、经济环境所制定的。因而作为规范国际投资活动重要工具的双边投资协定也应反映国际投资的这种发展趋势，因

---

① 黄洁：《美国双边投资新规则及其对中国的启示——以2012年BIT范本为视角》，《环球法律评论》2013年第4期，第156～164页。
② 参见1999年美国－巴林双边投资协定第2条第5款。

此未来双边投资协定将朝着高度自由化的方向发展。

（一）准入前国民待遇将成为双边投资协定发展的重要趋势

金融危机后，虽然大多数国家（地区）采取了自由化和便利化的投资措施，促进了全球投资的发展，然而仍有一些国家（地区）对一些产业/行业的投资采取了严格的管制措施，阻碍了全球投资的发展。提高准入待遇以消除投资准入壁垒仍是推进全球投资自由化的重要要求。准入前国民待遇对推进投资自由化和消除投资准入壁垒有着重要的作用。准入前国民待遇条款使东道国放弃了部分对外资在设业阶段的审查权及监管外国投资者准入的权利，使东道国外资管理体系更加自由化。就对投资自由化程度的影响而言，在公平公正待遇、最惠国待遇、国民待遇这三种待遇中，国民待遇对投资自由化的影响最大，其实质就是缔约国几乎让渡了其所有管理经济的主权，同时投资者享有准入前国民待遇是国际投资自由化的前提①。虽然早在20世纪90年代美国就推出了"准入前国民待遇＋负面清单"的准入模式，但是发展非常缓慢。然而随着国际投资向自由化的发展，这种准入模式不仅得到了发达经济体的支持，而且越来越多的发展中经济体也开始同意这种准入模式。"准入前国民待遇＋负面清单"的准入模式已经被其他国家所模仿并采用，比如日本、韩国、欧盟等经济体目前均采用这种准入模式对外缔结双边投资协定及自贸区协定。截至目前已有70多个经济体缔结了这种准入模式的双边投资协定或自贸区协定。同时，目前正在谈判的对国际投资规则具有影响力的TPP和TTIP、中美双边投资协定均采用"准入前国民待遇＋负面清单"的准入模式进行谈判，这些投资协定一旦达成将可能造成"准入前国民待遇＋负面清单"的准入模式成为全球双边投资协定准入模式的主流模式。

（二）更高的禁止业绩要求

禁止业绩要求是推动国际投资自由化的重要举措。随着《与贸易有关的投资措施协议》（TRIMs）的影响及投资自由化的发展，在双边投资协定中纳入禁止

---

① 王淑敏：《地缘政治视阈下的中国海外投资准入国民待遇保护——基于"冰岛拒绝中坤集团投资案"的思考》，《法商研究》2012年第2期，第113页。

业绩要求条款已被不少国家接受,并且禁止业绩要求有朝着更高标准发展的趋势。与以往国际投资协定有关禁止业绩要求条款的规定相比,美国 2012BIT 范本对禁止业绩的规定不仅已经从准入前阶段扩展到准入后阶段,而且把东道国的激励政策包含在内,同时还把政府采购纳入禁止业绩要求的范围,比如美国 2012BIT 范本的第 8 条第 1 款增加了"(i)在其领土内购买、使用或优先考虑该缔约方或该缔约方的企业或自然人的技术;(ii)在其领土内阻止购买、使用或优先考虑特定技术,从而基于国籍为本国投资者或者投资或者缔约方的技术或者缔约方企业或自然人的技术提供保护"。① 由于美国对全球双边投资协定规则的发展具有引领作用,因而这些规则将可能被其他国家借鉴,并积极推广。所以未来双边投资协定对禁止业绩要求的规定将朝着更高标准的方向发展。

(三) 更高的透明度要求

透明度要求的提高将有利于为投资者提供一个透明、稳定的投资环境,促进投资的发展。随着投资自由化的发展,双边投资协定的透明度规定标准也在逐渐提高。比如,与美国 2004 年 BIT 范本相比,美国 2012BIT 范本在透明度方面不但要求东道国要对法律法规及相关政策进行公开,而且还要求法律、法规及各项政策的制定和修订要征求大众的意见及允许外国投资者参与东道国相关规则和技术标准的制定。这表明对透明度的要求已不仅局限于让外国投资者熟知东道国国内的相关法律法规及政策,而且正向东道国的法律、法规、政策、标准的程序方面延伸。因此未来双边投资协定的透明度的标准将会更高。

(四) 竞争中立将成为双边投资协定的重要条款

随着新兴经济体国家经济的迅速发展,新兴经济体国家的国有企业也获得了快速发展,并活跃在欧美市场,有些还在欧美市场取得了一定的竞争优势。新兴市场国家的国有企业影响力的提升,引起了欧美等发达经济体的警觉②。欧美发达国家认为新兴经济体国家的国有企业的快速发展主要依靠新兴国家政府给予的

---

① 参见美国 2012BIT 范本的第 8 条第 1 款。
② The Rise of State Capitalism,"Economist",January 21,2012,http://www.economist.com/node/21543160.

特殊的优惠政策，比如补贴、信贷、政府采购、税收等，这些特殊优惠政策的实施不利于市场公平竞争。为了抵制新兴经济体国家国有企业的发展，欧美等发达经济体提出了竞争中立规则（Competitive Neutrality），即政府的经营活动不得因公共部门所有权地位而享受私营部门竞争者所不能享受的利益，也就是说各政府应确保各市场参与者之间的公平竞争①。发达经济体付诸行动使竞争中立规则被纳入新一代国际贸易投资规则的议题中。2012 年月 4 欧盟和美国发布《欧盟与美国就国际投资共同原则的声明》，其中主要内容就包括实施竞争中立规则，建立公平透明的市场环境。这表明欧盟和美国对竞争中立规则形成了统一的态度和立场。同时，美国把竞争中立规则纳入了新修订的美国双边投资协定范本。另外，对全球国际贸易投资规则有重大影响的 TPP 和 TTIP 两大自由贸易协定谈判中均包含竞争中立规则。因此在美国和欧盟的推动下，竞争中立规则将成为未来双边投资协定的重要条款。

### 二、可持续发展日益受到重视

随着可持续发展问题在全球发展中的影响的凸显，双边投资协定对可持续发展的内容不但日益重视，而且还朝着条款内容逐渐细化和约束力更强的趋势发展。美国和欧盟发布的《2012 联合声明》中提及促进负责任的商务活动的实施、树立政府代表公众利益进行管制的权威、避免通过削弱或取消管制措施而吸引外国投资者的内容②。南部非洲共同体（SADC）在修订其双边投资协定范本时也对可持续发展的内容格外重视，其内容包括环境和社会影响评估条款、反腐败措施、人权标准、环境和劳工标准、公司治理、国家管制和追求其发展目标的权利③。美国 2012BIT 范本与 2004BIT 范本相比大幅增加了有关环境和劳工方面的内容，且强调缔约国对保护环境和维护劳工权益的义务已由"软约束"变为

---

① 王婷：《竞争中立：国际贸易与投资规则的新焦点》，《国际经济合作》2012 年第 9 期，第 75～78 页。
② http：//trade.eceuropa.eu/doclib/docs/2012/april/tradoc_ 149331.pdf.
③ 参见《世界投资报告 2102》，第 100 页。

"硬约束"①。同时可持续发展内容还是双边投资协定条款中作为例外条款来平衡东道国与外国投资者权利和义务的重要内容。为了使东道国加强环保和维护劳工的权益，美国2012BIT范本中强调外国投资者也不得将有关环保和劳工的事项提交国际投资仲裁，并且在缔约国间投资争端解决程序也不将有关这两项的争议排除在外，有关环保和劳工的争议采用国家间谘商途径来解决。由于美国BIT范本对全球双边投资协定的发展具有示范和引领作用，因此这些规定将成为全球双边投资协定发展的一个趋势。

### 三、投资争端解决机制朝既公平又具有约束力的方向发展

投资者－国家仲裁的国际体系是加强保护外国投资者的有效工具，其为投资者提供了国际仲裁的直接渠道，避开了东道国的国内司法系统，从而可以通过一个低成本、迅速和灵活的公平机制解决争端。因而尽管投资者－国家争端解决机制运行过程中暴露出了严重的问题，其合理性受到了损害，但由于目前尚没有替代的机制，因而投资者－国家争端解决机制仍将是双边投资协定中的重要内容。并且国际社会将可能通过对投资者提请仲裁的范围、推动替代性争端解决方式的使用、提高程序的透明度、鼓励仲裁团在解决投资者－政府争端时考虑投资者行为的标准、限制国际仲裁解决途径的使用而加强国内法律体系的作用、允许政府进行反诉等②举措进行实践并评估，然后把取得共识的一些举措进行推广，所以未来双边投资协定中的投资者－国家争端解决机制将既能维护投资者利益，也能反映公众诉求，且仲裁程序更加透明。

### 四、国际投资协定由双边向区域化、多边化演变

随着双边投资协定数量的增加，双边投资协定的不便于管理的弊端也日益凸

---

① 美国2012BIT范本将2004BIT范本中第2款的"尽力确保"修改为"应确保"，2012BIT范本将2004BIT范本中第2款"shall strive to ensure"（尽力确保）修改为"shall ensure"（应确保），使得这两项规定由此前的软法性规定转变为缔约方在保护劳工权利方面的硬性义务。

② 参见《世界投资报告2012》，第142页。

显。一些经济体或区域集团就尝试着采取用区域投资协定（诸边投资协定）来代替双边投资协定以规避双边投资的缺陷。同时在区域一体化趋势的影响下，近几年双边投资协定的多边化趋势在增强。其主要表现为：一是多国间缔结投资协定，比如中国与日本和韩国在2012年缔结了《中华人民共和国政府、日本国政府及大韩民国政府关于促进、便利及保护投资的协定》。二是区域集团内部统一区域内的投资协定，比如北非与中东的阿拉伯国家讨论和谈判修订对阿拉伯国家资本投资统一协议，于2013年完成了草案内容，包括确保资本自由流动并为投资提供国民待遇和最惠国待遇、东盟国家达成了东盟投资框架协议。三是以区域集团为整体与其他国家或区域集团开展投资协定谈判，比如在2008年中国与东盟达成了中国－东盟投协定框架，欧盟已决定欧盟国家的区域性条约由欧盟主导，欧盟作为一个联盟与其他国家或地区谈判，且已与中国开始中国－欧盟投资协定的谈判。国际投资协定由双边向区域、多边转变将巩固和统一投资规则，这表明国际投资协定迈出了多边主义的重要一步。然而许多新的区域协定并没有替代旧的双边协定，这不但不能促进双边投资协定向多边化发展，而且还会带来相反的结果：区域化不但不能简化和统一投资协定，反而会使得协定的数目增加，导致国际协定投资网络更加复杂、重叠、不统一。

# 第五章　中国双边投资协定演变的历程和发展趋势

自改革开放以来,中国对商签双边投资协定一直持积极的态度,根据中国的实际情况采取相应的策略,积极与有关国家谈判磋商缔结符合中国发展需要的双边投资协定。截至 2014 年底中国已与 120 多个国家(地区)签订了 130 个双边投资协定,其中生效 103 个[①]。双边投资协定的实施为中国开展对外经济活动发挥了重要作用。同时,随着国际投资规则的变化和国内改革进入"深水区",中国政府已把对外缔结高水平的双边投资协定作为促进中国改革和提升制定新一代国际投资规则话语权的重要途径。

## 第一节　中国双边投资协定演变的历程

法根源于一定的经济基础,法的变化与发展取决于一定经济基础的变化与发展,并且,法又服务于一定的经济基础,如果法不能适应经济基础的发展,法就

---

① 数据来源:中国商务部条法司网站。

会阻碍经济基础的发展①。双边投资协定是一种特殊的法律规范,其内容的变化也随着经济基础的变化而变化。中国双边投资协定随着中国吸引外资和对外直接投资的发展变化而变化。自1982年中国与瑞典缔结第一个双边投资协定以来,中国双边投资协定的内容已经发生了很大变化。根据中国双边投资协定内容条款对投资者的保护程度和推动投资自由化的程度,可以把中国双边投资协定的发展进程分为三个时期,即保守模式时期、强保护模式时期和平衡模式时期②③。

## 一、保守模式

保守模式时期的时间跨度是1982~1998年6月。这一时期从时间跨度上看中国基本上处于改革开放初期,当时中国国内的经济状况是经济体制依然以计划经济为主体,国内企业的竞争力较弱,对外直接投资的能力较低。所以,这一时期实施外资政策的主要目的是引进外资,以激发国内市场活力。因而这一时期缔结双边投资协定的重要目的是向外部发出改善投资环境的信号,以引进外资。同时,也有一些学者认为这一时期与一些发展中国家缔结双边投资协定主要是为巩固友好关系,而不是为了促进双边投资④。在这一时期中国虽然对双边投资协定持积极的态度,但是由于中国当时在国际投资市场上主要是资本输入者的角色,缔结双边投资协定是为了引进外资,同时,由于此时中国的制度环境不完善、政策不稳定,因而这一时期的双边投资协定对保护外资的态度是坚持保守的态度。

(一)保守模式双边投资协定的特征

一国的国家利益决定了该国在国际投资法上的立场和态度⑤。在改革开放初

---

① 琚磊、刘大洪:《论我国国际投资法的不足与完善》,《广西社会科学》2013年第4期,第97~100页。
② 漆彤、聂晶晶:《论中国双边投资协定的模式变迁》,《武大国际法评论》2013年第1期,第222~240页。
③ 胡斌、程慧:《中国双边投资协定的实践与发展》,《国际经济合作》2013年第6期,第14~18页。
④ 李玲:《中国双边投资担保协定缔结实践和面临的挑战》,《国际经济法学刊》2010年第17卷第4期,第114~126页。
⑤ 王彦志:《中国在国际投资法上的身份转换与立场定位》,《当代法学》2013年第4期,第131~138页。

期，中国缔结双边投资协定的主要目的是引进外资，以促进国内经济发展。因此中国缔结双投资协定的显著特征是在维护国家经济主权的前提下为外国投资者提供保护。在实体条款方面多原则性较强、可操作性较弱、简单模糊，在程序条款方面设置了严格的限制条件，不强调对实体条款的执行力。

1. 部分双投资协定的投资定义采用封闭式定义方式

与开放式定义方式相比，封闭式定义方式包含的范围较窄，仅包含缔结条约时存在的投资方式，不包含未来可能出现的投资方式。为了维护主权，中国在20世纪80年代缔结双边投资协定时普遍采用封闭式定义方式，这样就降低了中国政府对外资企业的承诺，并加强对外资企业的规制。尽管到20世纪90年代中国开始采用开放式定义方式缔结双边投资协定，但这也基本表现出这一时期中国缔结双边投资协定的保守思想。

2. 对国民待遇条款设置限制条件

在国际投资领域当中国民待遇是一种相对待遇，其主要是为了防止海外投资企业受到相对于国内企业的歧视性待遇①。在改革开放初期，中国一方面为了保护国内幼稚产业的发展，另一方面当时中国国内给予国有企业和民营企业不同的待遇，在这种条件下如果给予外资国民待遇，在实际操作中存在困难，所以中国在商签双边投资协定时采取不规定国民待遇或在规定国民待遇时设置一些限制条件。在这一时期中国共缔结79个双边投资协定，其中规定国民待遇条款的有14个，而设置限制条件的有13个②。依据各协议中对给予国民待遇时设置的限制条件的不同，可以把国民待遇条款分为以下三类③：

第一类对国民待遇设置"应根据其法律和法规的规定"等类似的限制条件。最先采用这种表述范式的是1992年《中华人民共和国和西班牙王国关于相互鼓

---

① 曾华群：《我国对外资实行国民待遇原则的法律实践》，《厦门大学学报》（哲学社会科学版）2001年第4期，第75~83页。
② 1992年中国-韩国双边投资协定没有对国民待遇设置限制条件，有学者认为这是中国在缔结双边投资协定时的一种失误。
③ 朱文龙：《我国在国际投资协定中对国民待遇的选择》，《河北法学》2014年第32卷第3期，第179~187页。

励和保护投资协定》。中国-西班牙双边投资协定的第3条第4款规定："除本条第二款的规定外，缔约任何一方还应根据其法律和法规的规定给予缔约另一方的投资者的投资与其给予本国投资者以相同的待遇。"① 随后中国与沙特、摩洛哥、加蓬等国家的双边投资协定均采用类似的表述范式。这种表述范式虽然规定了给予外国投资者国民待遇，但东道国政府保留了国民待遇的控制权，这就大大降低了国民待遇条款的实际效果。

第二类采用"尽量""尽可能"等弹性用语的表述范式。这种类型的国民待遇条款中东道国不仅保留了国民待遇的控制权，而且对东道国是否给予国民待遇没有强制约束力，也就是说这种表述范式只具有象征意义，没有太大的实际意义。故而国内部分学者认为这种国民待遇是形式上的国民待遇。这种模式最先出现在《中华人民共和国政府和大不列颠及北爱尔兰联合王国政府关于促进和相互保护投资协定》中，其中规定"缔约任何一方应尽量根据其法律和法规的规定给予缔约另一方的国民或公司的投资与其给予本国国民或公司以相同的待遇"。随后中国与斯洛文尼亚、南斯拉夫、冰岛、马其顿等国的双边投资协定也采用类似的表述范式。

第三类在国民待遇条款中不加限制条件，但在议定书中增添限制条件。中国与日本、捷克和斯洛伐克等国的双边投资协定中规定"缔约任何一方在其领土内给予缔约另一方投资者就投资、收益及与投资有关的业务活动的待遇和保护，不应低于给予其本国投资者的待遇和保护"②。这种表述方式看起来没有对国民待遇设置任何限制，但在议定书中对这一条款给予了说明解释："关于协定第3条第2款的规定，缔约任何一方，根据有关法律和法规，为了公共秩序、国家安全或国民经济正常发展的优先顺序，在实际需要时，给予缔约另一方投资者的差别

---

① 参见1992中国-西班牙双边投资协定第3条第4款。
② 参见1988年中国-日本双边投资协定第3条第2款；1993年中国-捷克斯洛伐克双边投资协定第3条第2款。

待遇，不应视为低于该缔约一方投资者所享受的待遇。"① 这实际上等同于对国民待遇设置了限制条件，使东道国政府保留了给予国民待遇的控制权。

3. 采用"合适"或"合理"征收补偿标准

征收及补偿是双边投资协定中的重要条款，这也是投资者最为关注的条款之一。如果补偿标准较高对东道国政府的约束就越大，而外国投资者的投资被征收或国有化时的损失就较小。征收补偿标准最高的是美国的"赫尔三原则"补偿标准，即"充分、即时、有效"三原则。这一时期中国在缔结双边投资协定时采用发展中国家坚持的"适当"或"合理"的补偿标准，虽然表述及措辞不尽统一。有的规定补偿相当于征收时投资的价值，比如中国－意大利双边投资协定第4条第2款规定"补偿应相当于宣布征收时该项投资的价值。补偿的支付应能兑换和自由转移，并不应不适当地迟延"，有的规定补偿相当于征收前一刻投资的价值，比如中国－匈牙利双边投资协定第4条第2款规定"补偿应等于宣布征收前一刻被征收的投资财产的价值，应是可以兑换的和自由转移的。补偿的支付不应不合理地迟延"，有些除规定投资的补偿外还规定了延迟的利息，比如中国－挪威双边投资协定第5条第2款规定"补偿款的支付不应无故迟延，并可兑换和自由转移。补偿应相当于征收前一刻投资的价值，并包括直至支付之日的利息"。这种"合理"或"适当"补偿标准对外国投资者的保护较低，有利于东道国政府。

4. 对投资者－国家争端解决机制条款的适用范围设置了条件

投资者－国家争端解决机制条款是投资协定的"牙齿"，② 它是投资协定中投资待遇条款执行力的保障③。中国虽然对缔结双边投资协定一直持积极的态度，但在长时期内对缔结具有高度执行力的双边投资协定持严重保留态度。为了

---

① 参见1988年中国－日本双边投资协定议定书第三段；1993年中国－捷克斯洛伐克双边投资协定议定书第一段。
② 温先涛：《孰南？孰北？妥协还是共识？——评中国－加拿大投资保护协定》，《武大国际法评论》2014年第16卷第2期，第278~306页。
③ 单文华、诺拉·伽拉赫：《和谐世界理念和中国BIT范本的建设——一个"和谐BIT范本"建议案》，《国际经济法学刊》2010年第17卷第1期，第149~188页。

防止外国投资者通过国际仲裁的途径解决投资争议的方式影响国家管理经济的权利,中国强调注重东道国国内救济途径解决争端,而对采用国际仲裁的方式一直比较谨慎和保守,且措辞不统一,标准多样。其主要表现:一是在早期缔结的双边投资协定中仅规定了国家间争端解决机制,而没有规定投资者-国家争端解决机制,比如1982年中国-瑞典双边投资协定、1985年中国-泰国双边投资协定、1983年中国-联邦德国双边投资协定中均只规定了国家间争端解决机制,而没有规定投资者-国家争端解决机制①。二是规定了投资者-国家争端解决机制,但严格限制了外国投资者采用国际仲裁解决外国投资者与国家争端的范围,仅同意与补偿额有关的且无法在六个月内友好协商解决的争议可以直接提交国际仲裁庭,其他争议只能通过东道国国内救济方式解决。采用这种规定表述方式的较多。三是涉及补偿额争端需提交国际仲裁时,采用逐案设立的方式,其他争议均只能通过东道国国内的救济方式解决。采用这种表述方式的协定主要是在1993~1995年缔结的双边投资协定,比如1993年的中国-哈萨克斯坦双边投资协定、1993年中国-土库曼斯坦双边投资协定等。四是涉及补偿额的争议若无法在六个月内友好协商解决,可以直接提交国际仲裁庭,其他争议需双方同意后提交国际仲裁庭。这种表述方式的协定集中在1992年以后缔结的一些双边投资协定中,比如1992年中国-菲律宾双边投资协定。五是有些双边投资协定虽然也规定了投资者-国家的争端解决机制,但仅规定了涉及征收补偿额的争议,而没有规定其他争议,比如1989年中国-巴基斯坦第10条规定:"如果投资者对被征收的投资财产的补偿款额有异议,可向采取征收措施的缔约一方的主管当局提出申诉。在申诉提出后一年内仍未解决时,应投资者的请求,由采取征收措施的缔约一方有管辖权的法院或国际仲裁庭对补偿款额予以审查。"②

(二) 小结

由以上分析可知,这一时期中国缔结双边投资协定时通过对实体条款和程序

---

① 后来在中国-联邦德国双边投资协定的议定书中增添了投资者-国家争端解决机制。
② 参见1989年中国-巴基斯坦双边投资协定第10条。

条款设置限制条件以加强对外资的监管,维护国家主权。因而中国在这一期缔结的双边投资协定的宣称意义大于实际意义。同时,可能由于中国当时缔结双边投资协定经验不足导致中国在缔结双边投资协定时存在一些失误。比如,在中-韩双边投资协定中没有对国民待遇条款设置限制条件,1992年中国-韩国双边投资协定的第3条第2款规定"任何一方国家的投资者,在另一国领土内,在有关投资、收益和与投资有关的业务活动方面,应保证得到不低于后者一方国家投资者的待遇"。① 一些学者根据"九五"规划中"逐步给予外商企业实行国民待遇"和"十五大"报告中"逐步统一内外资政策,对外商企业实行国民待遇"的提法,认为在中国-韩国双边投资协定中对国民待遇条款没有设置任何限制是一项失误,而不是中国对国民待遇问题的态度②。

### 二、强保护模式

20世纪90年代末中国提出"走出去"战略,且在21世纪初采取措施鼓励国内企业开展对外直接投资。进入21世纪以来,在国家有利政策的支持下及中国经济综合实力增强的推动下,中国对外直接投资规模在快速扩张,并逐渐成为全球主要的对外投资国。随着在国际投资市场上中国由资本输入国身份变为资本输出国和资本输入国二者兼有的身份,中国对投资自由化和保护外国投资者的态度也逐渐由谨慎保守态度向积极支持的态度转变。与保守阶段相比,中国双边投资协定最明显的变化是全面接受国际投资争端解决中心(ICSID)的管辖,且对投资者把投资争端提交国际仲裁庭的限制较少。由于投资者-国家争端解决机制是执行实体条款的保障,强有力的争端解决机制带来双边投资协定的强执行力,所以本书认为这一时期应该被称为强保护双边投资协定模式时期③。

---

① 参见1992年中国-韩国双边投资协定第3条第2款。
② 徐崇利:《试论我国对外资实行国民待遇标准的问题》,《国际经济法学刊》1998年第1卷,第175~201页。
③ 一些学者认为这一时期应该是投资自由化时期,但本书认为这一时期中国双边投资协定对投资自由化的内容只是尝试性的纳入,且不具有连续性。因此本书认为这一时期不能称为"投资自由化时期"。

## （一）强保护双边投资协定的特征

为了适应中国对外直接投资发展的需要，中国的双边投资协定由保守模式向强保护模式转变。强保护模式双边投资协定的显著特征就是投资争端全面接受国际投资争端解决中心的管辖，以提升双边投资协定对投资者的保护。另外，强保护双边投资协定模式的特征还表现为提升了国民待遇标准、尝试界定公平公正待遇标准、提高了投资保护标准、纳入了一些美式双边投资协定特有的条款。

### 1. 全面接受国际投资争端解决中心的管辖

在以往的双边投资协定中中国虽然在实体条款中强调为投资者提供保护和促进投资，但为了维护国家主权中国在程序条款方面禁止投资者将除征收或国有化补偿以外的其他争议提交国际仲裁来解决。程序条款的限制的实施降低了实体条款中的投资待遇执行力度，因此要借助双边投资协定为中国企业海外投资保驾护航就必须解除程序条款的限制条件。这一时期投资争端解决机制条款不仅解除了投资者把投资争端提交国际仲裁的限制，而且还对国际仲裁的相关事项给予了详细规定。解除程序条款限制的标志是1998年中国－巴巴多斯双边投资协定的签订，且该项协议也是第二代双边投资协定开始的标志。在这一时期缔结的双边投资协定中一般均规定：有关投资的任何争端自投资争端发生起6个月内无法通过友好协商解决的，争端方可以考虑将投资争端提交至有管辖权的地方法院、解决投资争端国际中心、根据《联合国国际贸易法委员会仲裁规则》设立的仲裁庭，同时还对这三种解决方式的选取采用岔道口原则。另外，协定中详细规定了国际仲裁仲裁员的选择、费用分担、法律的选择、执行等相关事项。解除投资者把投资争端提交国际仲裁的限制条件和详细规定国际仲裁的有关事项，便利了投资者通过国际仲裁解决投资争端，提升了对投资者的保护。

### 2. 提升国民待遇标准

提升国民待遇的主要表现是消除了一些投资协定中给予国民待遇的限制条件。第一代双边投资协定大部分没有规定国民待遇，只有部分规定了国民待遇而且还附带有限制条件。而在第二代双边投资协定中，2000年以前缔结的双边投资协定没有规定国民待遇，而2000年后缔结的双边投资协定均规定了国民待遇。但是对国民待遇条款的具体规定存在"双轨制"现象,与发达国家缔结的双边投资协定中多数取消了国民待遇适用的"依据各缔约方的法律法规"条件限制,比如 2003 年中国-德国双边投资协定第 3 条第 2 款规定"缔约一方应给予缔约另一方投资者在其境内的投资及与投资有关活动不低于其给予本国投资者的投资及与投资有关活动的待遇"①;与发展中国家(除突尼斯外)缔结的双边投资协定中仍存在一些限制条件,比如中国-朝鲜双边投资协定的第 3 条第 2 款规定"在不损害其法律法规的前提下,缔约一方应给予缔约另一方投资者在其境内的投资及与投资有关活动不低于其给予本国投资者的投资及与投资有关活动的待遇"②。

3. 尝试着详细界定了公平公正待遇条款标准

中国双边投资协定对公平公正待遇条款一般采取模糊表述的方式,即仅规定给予"公平公正待遇"或"公平合理待遇",比如 2007 年中国-韩国双边投资协定中第 3 条第 1 款规定:"投资者在缔约另一方的领土内的投资应始终享受公正与公平的待遇。"③ 这种表述范式没有规定公平公正待遇标准,因此这可能导致投资者享受的绝对待遇"打折"。实际上中国给予外国投资者的公平公正待遇是以国内的法律法规为依据的,这种标准可能较低且容易变化,对投资者不利。这一时期中国在自由贸易协定的投资章节及双边投资协定中尝试着界定公平公正待遇的待遇标准。中国双边投资协定对公平公正待遇的标准界定主要采用两种形式:一是采用国际法最低标准,比如 2008 年中国-墨西哥双边投资协定、2008 年中国-哥伦比亚双边投资协定中均规定"本条规定将给予外国人的国际法最低待遇标准作为给予缔约另一方投资者投资的最低待遇标准"④。二是采用普遍国际法原则作为公平公正待遇的标准,比如在 2008 年中国-新西兰自由贸易协定的投资章节、2010 年中国-法国双边投资协定、2007 年中国-哥斯达黎加双边

---

① 参见 2003 年中国-德国双边投资协定第 3 条第 2 款。
② 参见 2005 年中国-朝鲜双边投资协定第 3 条第 2 款。
③ 参见 2007 年中国-韩国双边投资协定第 3 条第 1 款。
④ 参见 2008 年中国-墨西哥双边投资协定第 5 条第 2 款。

投资协定中规定"缔约一方的投资者在缔约另一方的领土内的投资应始终享受符合普遍接受的国际法规则的公正与公平的待遇"①。公平公正待遇标准的界定，为投资者提供了稳定、可预测的投资环境。

4. 提高对投资保护标准

提升了征收及国有化补偿标准。这时期的双边投资协定在征收条件方面基本形成了固定的范本模式，即为了公共利益、依照法律程序、非歧视、给予补偿。在补偿额方面，虽然还没有明确采纳"及时、充分、有效"标准的补偿方式，但采用公平市场价值的计算方式来计算补偿额，比如补偿额的计算采用"补偿应等于采取征收或征收为公众所知的前一刻被征收投资的价值，以在先者为准"或"应等于采取征收前或征收为公众所知时中较早一刻被征收投资的真实价值，并应包括支付前按公平和公正的利率计算的利息"。这与美国提出的"充分"补偿的标准已相差无几。同时还规定了"补偿应无迟延支付并应包含征收作出之日到补偿支付日的适当的利息。补偿应为可有效实现的、可自由转移"。另外，在2008年中国-哥伦比亚双边投资协定中不仅明确规定为了公共目的或社会利益的征收及国有化应给予"及时、充分、有效"的补偿，还界定了充分的定义。此外，还尝试界定了间接征收的条件，比如在2006年中国与印度、2008年中国与哥伦比亚缔结的双边投资协定中还对间接征收给予了详细界定②。

提升了损害补偿标准。在保守双边投资协定模式时代，中国双边投资协定对损害补偿的标准采用最惠国待遇的标准给予补偿。在本时期中国双边投资协定对损害补偿的规定主要有三种形式：第一种形式是仍然采用最惠国待遇的标准，比如1998年中国-巴巴多斯双边投资协定第5条规定"当缔约一方的投资者在缔约另一方领土内的投资，因在缔约另一方领土内发生的战争、全国紧急状态、暴乱、骚乱或者其他类似事件而遭受损失时，如缔约另一方采取有关措施，则其给予缔约一方投资者的待遇不得低于给予任何第三国投资者的待遇"③。在本时期

---

① 参见2007年中国-哥斯达黎加双边投资协定第3条第1款。
② 参见2006年中国-印度双边投资协定议定书第3项。
③ 参见1998年中国-巴巴多斯双边投资协定第5条。

采用这种形式的协定较少,且随着国民待遇成为中国双边投资协定的必备条款后,损害补偿的标准增添了按照国民待遇的标准。于是在按照最惠国待遇补偿标准的基础上增加了"或不低于给予本国国民或公司的补偿标准"。因此就出现了第二种形式,即按照国民待遇或最惠国待遇的标准给予补偿,比如 2003 年中国 – 德国双边投资协定第 5 条规定"损害与损失的补偿缔约一方的投资者在缔约另一方境内的投资,如果由于战争或其他武装冲突、革命、全国紧急状态或叛乱而遭受损失,缔约另一方给予其在恢复原状、赔偿、补偿或其他有价值的补偿方面的待遇,不应低于其给予本国或任何第三国投资者的待遇"①。随着实践的深入,又出现了第三种方式,即按照最惠国待遇和国民待遇中较优者进行补偿,比如 2008 年中国 – 哥伦比亚等双边投资协定第 5 条规定"缔约一方投资者在缔约另一方境内的投资因战争、武装冲突、革命、国家紧急情况、起义、骚乱或其他类似情形遭受损失,缔约另一方在恢复原状、赔偿、补偿和其他解决措施方面给予该投资者的待遇不应低于其给予本国投资者或第三国投资者的待遇,并从优适用"②。这三种类型中,第一种类型对投资者的保护力度最小,第二种类型居中,第三种类型对投资者的保护标准更高,对投资者最有利。

5. 尝试着纳入具有投资自由化特征的条款

部分双边投资协定还纳入了美式双边投资协定的部分特有条款。第二代双边投资协定不仅提升和强化了传统实体条款内容,而且还接受了一些美式双边投资协定的特有条款。其主要表现为:一方面,尝试着扩展了最惠国待遇的适用范围。虽然这一时期中国仍然坚持给予外国投资者准入后的国民待遇,但是在有些自由贸易区协定的投资章节中把最惠国待遇的适用范围由准入后扩展到准入前,比如 2009 年中国 – 东盟全面经济合作框架协议投资协议和 2008 年中国 – 新西兰自由区协定中的投资章节均规定"各缔约方在准入、设立、获得、扩大、管理、经营、运营、维护、使用、清算、出售或对投资其他形式的处置方面,应当给予

---

① 参见 2003 年中国 – 德国双边投资协定第 5 条。
② 参见 2008 年中国 – 哥伦比亚等双边投资协定第 5 条。

另一缔约方投资者及其相关投资,不低于其在同等条件下给予任何其他缔约方或第三国投资者及/或其投资的待遇"。① 另一方面,尝试纳入禁止业绩要求、透明度等投资自由化的内容。早期中国对投资协定中纳入禁止业绩要求、透明度等内容一直持排斥的态度,但出于保护境外投资企业的需要及应一些发达经济体的要求,中国逐渐开始接受相关的内容。2008 年中国 – 新西兰自由贸易协定的投资章节中规定了禁止业绩要求、透明度②等美式双边投资协定中特有的条款。

6. 尚存在一些失误

虽然这一阶段缔结的双边投资协定大幅度提高了对投资者及投资的待遇标准,但是可能由于缺少制定双边投资协定条款的经验,导致一些条款的规定及表述存在一些问题,这将可能增加中国被外资企业诉讼到国际仲裁庭的风险。一是没有对投资者把投资争端提交国际仲裁设置必要的限制条件。虽然有双边投资协定中规定了"投资者在把投资者与国家的争议提交国际仲裁前要用尽国内行政复议",但总体来说这一时期中国对投资者 – 国家争端解决机制的规定的标准高于发达国家规定的标准,比如有些投资协定对于投资者把投资争端提交国际仲裁没有设置任何限制,而美国 2004BIT 范本中仅规定不超过 3 年的涉及国民待遇、最惠国待遇、最低标准、透明度、业绩要求、高管问题、转移、征收、损害补偿方面的争议可以提交到国际仲裁庭,涉及其他问题的争议不能提交国际仲裁庭,同时还规定提交仲裁庭时还需要明确说明争议涉及的条款内容等③。二是国民待遇的规定存在失误。中国在与发展中国家缔结双边投资协定时一般均设置了限制条件,这可能是由于谈判的压力所致。但与发达国家缔结双边投资协定时对国民待遇设置限制条件,这可能是由于谈判失误造成的。由于已缔结了没有对国民待遇设置限制条件的双边投资协定,因而可以通过最惠国待遇条款的多边传导效应使其他国民待遇条款的限制条件成为虚设。三是缺少对最惠国待遇是否适用程序条

---

① 参见 2009 年中国 – 东盟全面经济合作框架协议投资协议第 5 条第 1 款;2008 年中国 – 新西兰自由贸易协定的第 149 条第 1 款。
② 参见 2008 年中国 – 新西兰自由贸易协定第 140、146 和 147 条。
③ 参见美国 2004BIT 范本第 24 条。

款的规定，为投资者滥用争端解决机制创造了可能。中国从 2008 年的中国 – 新西兰自由贸易协定开始规定最惠国待遇不适用于争端解决机制①。

（二）小结

从以上分析可知，进入 21 世纪以来中国逐渐改变以往对缔结既有高保护标准又有可执行力保证的高标准双边投资协定的消极态度，逐渐接受发达国家对外资高保护标准的条件。尽管中国目前的双边投资协定范本仍对国民待遇和自由转移设置一定的限制条件，但中国现行的双边投资协定范本仍可以与欧洲国家采纳的双边投资协定范本相比。② 同时，中国还尝试了缔结包含"透明度""禁业要求"等投资自由化内容的双边投资协定，尽管这些条款还没有形成统一的范本模式，还比较简单，但这表明中国正在逐渐接受高标准的投资规则，并力图在双边投资协定的有关条款方面进行创新。高保护标准双边投资协定的实施为中国对外经济的发展发挥了重要的作用。然而，全球投资规则正在向注重东道国与投资者权利和义务平衡方向发展，而这一时期中国缔结的双边投资协定只注重加强对投资者的保护，而缺少对投资者的管制，尤其是对程序条款的适用范围没有限制，这在与欧美等发达经济体缔结协定时也没有做到。国内一些学者对此提出了批评，认为缺少"安全阀"将增加中国被外国投资者提请国际仲裁的危险③。此外，由于中国双边投资协定没有形成统一的范本模式，双边投资协定的内容条款表述措辞不一，待遇标准差异较大，这不仅增加了管理的难度，而且还增加了企业利用双边投资协定的难度，这就要求中国制定对外缔结双边投资协定的范本及利用一些双边投资协定将要到期的机会对有关的双边投资协定进行修订。

**三、平衡模式**

在投资自由化已成为国际投资发展的重要趋势和国际投资规则向兼顾投资者

---

① 参见 2008 年中国 – 新西兰自由贸易协定的第 149 条第 2 款。
② 阿克塞尔·伯杰：《中国双边投资协定新纲领：实体内容，合理性及其对国际投资法创制的影响》，杨小强译，《国际经济法学刊》2010 年第 16 卷第 4 期，第 70 ~ 90 页。
③ 陈安：《区分两类国家，实行差别互惠：再论 ICSID 体制赋予中国的四大"安全阀"不宜贸然全拆除》，《国际经济法学刊》2007 年第 14 卷第 3 期，第 56 ~ 98 页。

与东道国权利和利益平衡的方向发展的背景下，中国在借鉴其他国家双边投资协定经验和总结本国缔结双边投资协定经验的基础上，在2010年公布了新的中国双边投资协定范本（简称中国2010BIT范本）。与以往的双边投资协定相比，中国2010BIT范本具有新的特征，其在着重实现东道国与外国投资者权利与义务平衡的基础上提升对外国投资者的待遇，并以此来推动投资自由化。可见，中国的双边投资协定战略已经由注重保护投资者时期进入了寻求平衡投资者与东道国权利和义务关系的模式时期，即平衡模式时代。在中国2010BIT范本的指导下中国先后与乌兹别克斯坦、日本、韩国、加拿大、坦桑尼亚等国家缔结了双边投资协定。

（一）平衡模式双边投资协定的特征

为了适应时代发展的要求，中国在新一代双边投资协定中增添了可持续发展的内容、限制投资者权利的一些条款，以达到平衡投资者和东道国权利和义务的要求。同时，为了保护海外投资，这一时期中国缔结的双边投资协定还采取扩展最惠国待遇的适用范围、界定最低标准、界定间接征收、继续尝试纳入一些投资自由化的条款等方式提升投资者的待遇。

1. 序言部分增加可持续发展的内容

中国双边投资协定的重心由只注重东道国的义务和投资者的权利转向兼顾东道国与外国投资者的权利和利益，其首要表现是在序言中纳入了可持续发展的内容。传统双边投资协定的序言只包含为投资者创造良好投资环境和促进投资有利于两国的经济发展和合作等内容，比如1994年《中华人民共和国政府和冰岛共和国政府关于促进和相互保护投资协定》中的序言规定："为缔约一方的投资者在缔约另一方领土内投资创造有利条件，认识到促进和相互保护此种投资将有助于促进投资者投资的积极性和增进两国的繁荣，愿在平等互利原则的基础上，加强两国间的经济合作。"① 第三代的双边投资协定为了平衡东道国与投资者的利益，加强对投资者的监管，在序言部分增添了可持续发展的相关内容，比如2011

---

① 参见1994年中国－冰岛双边投资协定的序言。

年《中华人民共和国政府和乌兹别克斯坦共和国政府关于促进、便利及保护投资的协定》的序言规定:"愿为缔约一方的投资者在缔约另一方国家领土内投资创造有利条件,认识到在平等互利原则的基础上相互鼓励、促进和保护投资将有助于激励投资者经营的积极性和增进两国经济繁荣,尊重缔约双方经济主权,愿加强两国间的合作,促进经济健康稳定和可持续发展,增加缔约双方人民的福祉。"①

2. 增添和完善例外条款

例外条款是实现投资者权利、管理空间和投资者责任的良好平衡的重要举措。例外条款一般可分为两类:第一类是一般例外条款,如最惠国待遇例外条款。第二类是专项例外条款,像税收例外、金融监管例外、环保例外、安全例外等。以前的双边投资协定中也包含一般例外条款,只是比较分散,且不连续,中国在借鉴美国、加拿大等国规定的例外条款的基础上,在新协定中订立一般例外条款的同时,还增添了安全例外条款和专项例外项目。鉴于国际仲裁庭把最惠国待遇引入争端解决机制的做法,中国这一时期在最惠国待遇的例外部分均增添了最惠国待遇不适用于争端解决机制的例外内容。专项例外主要有环境例外、税收例外和金融监管例外等。随着国内环境的恶化及国际上对环境问题的关注,中国借鉴其他国家在双边投资协定中对环保问题的规定,在新一代双边投资协定中增添了有关环境内容的专项条款。第三代双边投资协定把环境、健康、安全合在一起单列为一项条款,在例外条款中不仅规定东道国可以为了环境、健康、安全实施违反承诺的政策,还规定了东道国政府不能为了引进外资而降低环境标准②。同时随着国际投资协定把税收措施、金融审慎监管纳入投资协定例外条款,中国在第三代双边投资协定中也把税收纳入例外条款(2011年中国-乌兹别克斯坦双边投资协定、2013年中国-坦桑尼亚双边投资协定除外)。此外2012年中国-加拿大双边投资协定在此基础上还增添了文化多样性的例外条款。

---

① 参见2011年中国-乌兹别克斯坦双边投资协定的序言。
② 参见2012年中国-加拿大双边投资协定第33条第2款第2、3项;2013年中国-坦桑尼亚双边投资协定第10条。

3. 完善投资争端解决机制条款

第二代双边投资协定规定投资者与东道国的任何争端在不能友好协商解决的条件下可以提请国际仲裁解决。在中国的法律制度环境尚存不足的条件下,这种规定方式增加了中国被投资者诉请国际仲裁的风险。同时中国的这种规定方式的宽松程度也超越了发达国家在这方面的规定。在新一代双边投资协定在既能保证实体条款的执行力度,又能降低中国政府被投资者诉请国际仲裁风险的条件下,中国尝试着完善投资争端解决机制。一方面限制投资者提请国际仲裁的争端范围,比如2011年中国-乌兹别克斯坦双边投资协定、2013年中国-坦桑尼亚双边投资协定和2012年中国-加拿大双边投资协定均规定仅涉及国民待遇、最惠国待遇、最低待遇标准、征收和补偿、转移等部分实体条款的争议可以提交国际仲裁;2012年中国、日本和韩国的三边投资协定规定涉及知识产权、金融谨慎监管等方面的内容不能提交国际仲裁解决;2013年中国-坦桑尼亚双边投资协定还规定了涉及保护伞条款的争端解决方案。另一方面对国际仲裁的运行机制进行创新性规定。2012年中国-加拿大双边投资协定规定了允许非争端方参与国际仲裁并向仲裁庭提交有关本协定解释问题的陈述意见及向社会公布未包含秘密性的庭审内容,来提高案件审理的透明度①。

4. 提升对投资者的投资待遇标准和保护标准

扩展了最惠国待遇的适用范围。平衡模式的双边投资协定不仅增加了东道国政府管辖外国投资者的政策空间,还提升了对投资者的待遇和保护标准。在提升对投资者的待遇标准方面,协定将最惠国待遇适用范围扩展至准入前阶段。以前中国缔结的双边投资协定中对于最惠国待遇的规定主要有两种表述范式:一是采取模糊规定的方式,比如2006年中国-俄罗斯双边投资协定的第3条第3款规定"缔约一方给予缔约另一方投资者的投资及与投资有关活动的待遇,不应低于其给予任何第三国投资者的投资及与投资有关活动的待遇"②。二是明确规定国

---

① 参见2012年中国-加拿大双边投资协定第28条。
② 参见2006年中国-俄罗斯双边投资协定第3条第3款。

民待遇仅适用于准入后阶段，比如2008年中国-哥伦比亚双边投资协定第3条第2款规定"各缔约方都应在投资的经营、管理、使用、享有或处分方面给予另一缔约方投资者的投资不低于在类似情况下给予第三方投资者的投资的待遇"①。而这一时期中国对最惠国待遇的规定采用统一的表述范式："缔约一方就投资的设立、并购、扩大、管理、维持、使用、享有、出售或投资的其他处置所赋予缔约另一方投资者及在其境内的投资的待遇不得低于在相同情势下给予第三国投资者及其投资的待遇。"② 此外，在2012年中国-加拿大双边投资协定中还规定了限制性准入前国民待遇③。

细化了有关美式双边投资协定中具有投资自由化特征的有关条款。虽然在以往的部分双边投资协定或自由贸易协定的投资章节中也纳入了一些美式双边投资协定中具有投资自由化特征的有关条款，但条款的内容比较原则，可操作性不强。第三代双边投资协定对相关条款的规定比较具体，可操作较强。比如2008中国-新西兰自由贸易协定的投资章节第146条的透明度条款规定"各方应当公布其参加的与投资有关的国际协定"。2012年中国-加拿大双边投资协定的第17条的透明度条款不仅涉及已经生效的与投资相关的法律、法规、政策，还涉及将要采取的政策措施及正在起草中的法律法规草案，并强调了公众的参与度④。此外，2012年中国-日韩双边投资协定还包含对知识产权的规定，2012年中国-加拿大双边投资协定具有有关高管内容的条款。但是纳入美式双边投资协定特有的条款的协定主要是与发达经济体缔结的双边投资协定，而与发展中经济体缔结的双边投资协定并不包含相关的内容。

5. 逐渐形成了统一的范本模式

以往的双边投资协定存在措辞不一、待遇标准不统一等问题。而第三代双边投资协定逐渐形成了统一的表述方式。在最惠国待遇方面，第三代双边投资协定

---

① 参见2008年中国-哥伦比亚双边投资协定第3条第2款。
② 参见2011年中国-乌兹别克斯坦双边投资协定第4条第1款。
③ 参见2012年中国-加拿大双边投资协定第6条第3款。
④ 参见2012年中国-加拿大双边投资协定第17条。

把最惠国待遇延伸至准入前阶段，且均把最惠国待遇不适用于争端解决机制作为最惠国待遇的一个例外。在公平公正待遇方面对"公平公正"给予了解释和界定。为了避免因公平公正待遇条款的模糊不清而产生的投资争议，中国在借鉴其他国家对公平公正待遇清晰界定的基础上在中国第三代双边投资协定中界定了公平公正条款与其他条款的关系，规定不与国民待遇做对比和违反本协定其他条款或其他条约的条款，不构成对本条款的违反。在征收及补偿方面，征收的条件采用"基于公共目的、根据国内正当法律程序、不以歧视方式并给予补偿"的规定模式；补偿标准采用"补偿应相当于采取征收前或征收为公众所知时（以较早者为准）被征收投资的公平市场价值，并应包括直至补偿支付之时按通常商业利率计算的利息。补偿的支付应可以有效实现、自由转移，且不得迟延"的规定模式。同时还均纳入了间接征收的界定内容。在投资者－国家争端解决机制方面，对投资者提请国际仲裁设置的前提条件趋向统一。

（二）小结

由以上分析可知，中国第三代双边投资协定的内容条款既有体现兼顾投资者与东道国权利和义务平衡的条款，也有体现提高对投资者的保护和推动投资自由化的条款。这虽然体现了时代的发展要求，但是中国第三代双边投资协定条款内容还存在一些问题，比如有关可持续发展的条款还比较模糊，不具有可操作性；有些条款没有连续性，比如在中日韩三国双边投资协定中规定了"知识产权问题"，但之后签订的中国－坦桑尼亚双边投资协定和中国－加拿大双边投资协定没有继续对该问题进行规定。所以，尽管中国第三大双边投资协定的内容条款具有很大的进步，不乏亮点，但仍存在一些不足之处。

## 第二节　中国双边投资协定未来发展的趋势

2013年7月在第五轮中美战略与经济对话中中国同意以"准入前国民待

遇+负面清单"为基础进行中美双边投资协定的实质性谈判。随后中欧发表的《关于深化互利共赢的中欧全面战略伙伴关系的联合声明》强调中欧将商谈涵盖投资保护和市场准入的全面中欧投资协定①，及中韩在自由贸易协定中宣称未来将以"准入前国民待遇+负面清单"为基础开展有关投资的谈判。这表明中国对待准入前国民待遇的态度由谨慎回避转向积极支持。这也预示着中国的双边投资协定战略已进入一个新的时期，即第四代双边投资协定。由于第四代双边投资协定将纳入准入前国民待遇等具有高度投资自由化内容的条款，所以称中国第四代双边投资协定为自由化双边投资协定。

### 一、第四代中国双边投资协定的核心议题

尽管中国尚未公布新一代双边投资协定的范本，但是考虑到欧盟和美国一直是全球双边投资协定引领者的角色，那么中国与欧盟和美国缔结的双边投资协定将决定着中国第四代双边投资协定内容框架。基于2014年中国已经成为资本净输出国的背景和美国2012BIT范本，中美、中欧双边投资协定的主要议题可能将包括以下几方面的内容：

（一）市场准入

欧美一直埋怨中国严格的审批制度阻碍了欧美企业在中国的投资，而中国一直认为美国的国家安全审核制度不够透明，且政治色彩较浓，阻碍了中国企业对美国的投资。因而市场准入问题将是双方讨论的重点问题。而对于市场准入问题，首先要做的是明确中国希望欧美市场在多大程度上对中国开放，而欧美希望中国在多大程度上对欧美开放②。而市场准入开放的程度直接取决于被列入负面清单项目的多少，如果被列入负面清单的项目较多则市场准入开放的程度就较低，反之就较高。所以说市场准入问题的重点是负面清单。由于中国尚缺乏制定简单、有效负面清单的经验，且中国正处于经济社会转型期，新的技术和产业变

---

① 参见《关于深化互利共赢的中欧全面战略伙伴关系的联合声明》。
② 江青云：《中欧双边投资协定谈判的现状、问题与应对》，《德国研究》2014年第29卷4期，第81~94页。

化较快，这也增加了制定负面清单的难度，因而中国将尽可能把负面清单列得长一些，而欧美国家为了提升企业进入中国市场的自由化程度将尽可能压缩中国负面清单的内容。同时，随着准入前国民待遇将成为新一代国际投资协定的主要内容及中国对外直接投资面临的准入壁垒加剧，市场准入问题不仅是中欧、中美双边投资协定的重要议题，而且还是未来中国与其他国家缔结双边投资协定的重要议题。

（二）自由竞争环境

欧美一直认为中国的法律法规及政策的透明度较低、国有企业享有特权是影响中国市场的自由公平竞争的重要因素。比如美国中国商会发布的《2013年中国商业环境调查结果》显示，美国企业普遍认为美国企业在与中国国有企业的竞争过程中处于不利地位①，同时还认为中国的法律法规的透明度较低是影响美国企业在中国经营的重要因素。② 同时，透明度和竞争中立是欧美在新时期倡导国际投资规则的重要内容，因而欧美势必将在双边投资协定谈判过程中就透明度和国有企业问题向中国施压。而中国在以往缔结的双边投资协定中对透明度的规定较少，且没有涉及竞争中立问题，因而在公平竞争规则方面中国缺乏经验。同时，尽管中国政府也一直强调提高法律法规及政策的透明度及推行国有企业改革，但是由于中国与欧美国家在透明度的概念及国有企业性质等问题上存在理解的偏差，将导致双方在透明度和竞争中立方面展开争论。另外，中国提升在制定新一轮国际投资规则的话语权的一个必要条件是中国的双边投资协定议题也必须符合国际投资发展的趋势。在国际贸易投资规则由边界外向边界内扩张的背景下，构建自由竞争的投资环境是国际投资发展的客观要求。所以，自由竞争环境的议题不仅是中国与欧盟和美国商签双边投资协定的重要内容，同时也是中国新一代双边投资协定的重要议题。

---

① 姚枝仲：《如何应对中美双边投资协定的实质性谈判》，《IIS 中国对外投资报告》，Quarterly Report，No. 201320。

② 资料来源：《2013 年中国商业环境调查报告》。

## (三) 投资争端解决机制

虽然投资者争端解决机制既为双边投资协定的实体条款添加了"牙齿",提升了投资者的待遇,又使投资者与东道国的争端去政治化,降低了投资争端上升到国际争端的机会。但是投资者争端解决机制的固有缺陷已严重影响了该机制的正常运行,国际社会正积极行动,努力完善投资者争端解决机制,使投资争端解决机制在保护投资者利益的同时兼顾东道国的利益。中国与欧美对于投资争端解决机制条款的完善存在一定的分歧,比如中国一直强调在诉请国际仲裁前"用尽国内行政复议",而美国则认为"用尽国内行政复议程序"的规定不利于维护投资者的利益。同时,投资争端解决机制的完善是新一代国际投资协定的重要条款,欧美想继续掌控新一代国际投资规则的制定权,而中国也想在新一代国际投资规则的变革过程中发挥积极作用,并拥有一定的话语权。因此,完善投资争端解决机制将是中国与欧美在新一代双边投资协定中谈判的重要议题。同时,投资争端解决机制已成为双边投资协定的必备内容。中国作为新生的投资大国在未来与其他国家缔结双边投资协定时也将纳入投资争端解决机制,为中国境外投资者提供保护。

## (四) 安全审查问题

安全审查目前是各国外资准入规则中的重要组成部分。对于中国而言,美国的国家安全审查概念模糊、缺乏透明性已严重影响了中国对美国的投资。美国对外国投资的安全审查是中国投资者担心的核心议题之一。美国外国投资委员会(CFIUS)最新公布的数据显示,2013年,中国投资者在美国受到的国家安全审查次数位居各国之首。同时,欧盟国家对外资准入的安全审查标准不统一、机构繁多,这也影响了中国对欧盟的投资。因而中国在谈判过程中将要求欧美增加国家安全审查的透明度,以利于维护中国投资者的利益。欧美一直质疑中国市场的开放程度和法律法规的透明度。比如,中国美国商会主席吉莫曼认为中国的《外资法(草案)》对国家安全定义得过于宽泛,其中包括经济安全和社会稳定,让人发出疑问,中国以后对外国直接投资展开的国家安全审查是否将损害投资开放的能力①。所以双方将对国家安全审查机制问题进行深入的讨论。同时，随着"准入前国民待遇＋负面清单"将成为新一代双边投资协定的基础，各国将通过完善安全审查来加强对外资的监管。而投资国为了维护海外投资者的利益将要求降低安全审查。因此中国作为双向投资大国既需要加强安全审查来监管外资，也需要要求其他国家降低安全审查或提升安全审查的透明度以促进中国对外直接投资的发展。因此，安全审查问题不仅是中国与欧盟和美国谈判的关键问题，也是未来中国与其他国家谈判的关键问题。

（五）可持续发展的内容

欧美一直认为中国以牺牲环境为代价和缺乏对工人的合法权益保护来降低产品成本、促进中国出口的发展，这有违公平竞争原则。中国也认为欧美国家一直以环保为借口加大对中国对外投资的审查和出口倾销调查。并且美国2012BIT范本进一步强化了可持续发展的议题。因此，可持续发展问题也将是中国与欧美在新一代双边投资协定中谈判的重要议题。同时，可持续发展议题不仅是全球发展的重要议题，还是国际投资协定中用来作为例外条款来平衡东道国和投资者利益的重要内容。目前中国正努力参与全球治理，中国新一代双边投资协定范本不仅应反映投资国的利益，还应反映东道国的利益。在双边投资协定中纳入可持续发展的内容正是这一问题的体现。因此，可持续发展的内容将是中国新一代双边投资协定中的重要内容。

**二、高标准双边投资协定对中国的影响**

通过以上分析可知，中国新一代双边投资协定将是高标准、综合的双边投资协定。这种高标准、综合的双边投资协定中的"准入前国民待遇＋负面清单"的准入制度、透明度、竞争中立等自由化条款等完全颠覆了以往的促进与保护类型双边投资协定框架，使中国的双边投资协定战略发生了质的飞跃。这种质的飞跃将会通过倒逼国内改革、推动对外直接投资发展等方式为经济发展带来新的动

---

① 江玮：《希望达成一份高质量的中美双边投资协定》，2015 - 03 - 11，21世纪经济报道。

力。同时，高标准双边投资协定还给中国的外资监管制度带来了严重挑战。因而高标准双边投资协定将给中国未来的发展带来机遇和挑战。

（一）高标准双边投资协定为中国的发展创造了机遇

中共十八届三中全会制定了"以扩大开放促改革，探索中国经济发展的新模式"的战略方针，而对外缔结高标准的双边投资协定就是其中的一个重要举措。高标准双边投资协定中的准入前国民待遇、负面清单、高透明度、高环保标准等规则，远远超过中国现有相关领域的制度规则，为了适应新的形势，中国必须推动相关领域的改革。新的改革将为中国经济的发展注入新的动力。

1. 为中国新一轮改革破局

目前中国的外资管理体制是按照《外商投资产业指导目录》和《中西部地区外商投资优势产业目录》的规定对外资的准入进行严格审批、重事前准入轻事后监管。目前这种外资管理制度存在的问题主要有：一是《外商投资产业指导目录》既不是正面清单，也不是负面清单，而是一个混合清单。这种混合清单与负面清单相比透明度较低，投资领域的规定较模糊。二是审批程序烦琐不仅增加了企业的成本，影响企业设立的进程，而且还容易产生腐败，导致竞争不公平。三是尽管对外资实施严格的准入审批，但是由于轻事后监管，实际上是放松了对外资的监管，致使一些外资企业违法经营，危害了中国的经济和社会发展。因而目前中国的外资管理体制与新一代双边投资协定中的准入前国民待遇和负面清单议题要求的外资管理体制改革不相符，为了配合新一代双边投资协定的谈判中国将首先推动中国外资管理体制改革。而外资管理体制的改革将带动相关领域的改革，从而为中国改革面临的困境提供突破口。外资管理体制改革还将带动国内投融资管理体制改革、外汇管理制度改革等领域的改革，这些领域的改革又将带动与其相关领域的改革。因此，新一代双边投资协定引发的外资管理体制改革将成为中国新一轮改革的一个突破口①。

---

① 崔凡：《中国高水平投资自由化谈判模式的确定及其影响》，《国际贸易》2013 年第 8 期，第 44～48 页。

2. 实施负面清单外资管理模式为经济发展注入新的动力

负面清单并不仅限于外资管理领域,还要扩展到整个投融资领域及其他领域。投融资管理模式的创新将为中国经济发展注入新的活力。一方面,负面清单推动了市场机制建设,促进了资源的优化配置。负面清单的管理模式将树立"法无禁止即可为"的企业经营原则和"法无授权不可为"的政府管理原则。这将迫使政府推动简政放权的改革,下放行政审批权。这将意味着资源的配置权力归还市场,扩大企业的经营自主权。从而实现资源的优化配置和资源的有效利用,推动经济发展。另一方面,负面清单创造了公平的市场环境,激发了市场活力。虽然中国一直宣称对各类企业给予同等的待遇,但是由于中国的投融资管理体制不完善、国有企业改革滞后造成民营企业不能享受与国有企业同等的待遇。国有企业享有过多的优惠条件如信贷、上市等,最终导致资源配置扭曲,经济结构畸形发展。负面清单不仅推动了政府的简政放权改革,而且还为政府行为划清了界限。这样可以最大限度地铲除市场准入壁垒,以确保各类市场主体以平等的身份进入负面清单以外的领域。这将为民营企业发展和国有企业改革带来巨大的推动力,进而激发市场活力,推动经济发展。

3. 促进改善国内生态环境

缔结和实施高标准双边投资协定将有利于改善中国国内的环境现状。中国经济虽然保持30多年的高速增长,经济总量已位居全球第二位,但是中国也付出了昂贵的资源环境代价。中国对石油、铁矿石等战略性资源的对外依赖度已超过国际警戒线。由于过去中国只注重经济增长,而忽视环境问题,导致中国面临着严重的环境问题。目前中国许多城市面临着大气污染、水污染等环境问题。而新一代双边投资协定中包含具有"硬性义务"的环保条款,这将使中国政府注重环境保护,加强对企业环保指标的监管。在环境压力的约束下,企业将自觉采用清洁技术,降低能耗,进而推动中国国内环境问题的改善。

4. 促进中国的技术升级

尽管中国是制造业大国,但是由于国内企业的技术水平较低,致使中国仍然处于全球价值链的底端。而高标准的双边投资协定将有利于中国的技术升级。高标准双边投资协定的缔结和实施将从两方面促进中国的技术升级：一方面，高标准双边投资协定推动了中国国内投资自由化，优化了中国的国内投资环境，有利于中国吸引拥有较高技术水平的外国投资者。较高技术水平的外资企业将通过外资企业的益处效应带动中国的技术进步。另一方面，高标准双边投资协定将推动中国实施严格的知识产权保护制度，这将有利于企业加大科技创新投入和采用先进技术，从而带动国内技术水平的整体进步升级。同时，与发达经济体缔结的高标准双边投资协定将有利于中国企业对发达国家的投资，对发达经济体的投资可以通过技术外溢效应来带动国内相关行业（产业）的技术进步。

5. 为中国对外直接投资创造良好条件

自实施"走出去"战略以来，中国对外直接投资迅速发展。但在中国对外直接投资规模快速扩张的同时，中国境外投资企业面临的政治风险也在增加。发达国家以国家安全或产业安全为名，把中国对外直接投资政治化，阻碍了中国对外直接投资的发展，比如美国外资投资委员会（CFIUS）按照美国《外国投资和国家安全法案》否决了华为和中兴对美国的投资。发展中国家政局不稳，为中国对外直接投资增添了不稳定性，比如利比亚内战给在利比亚的中资企业带来了巨大损失。中国境外企业遭遇的政治风险增加，要求中国政府缔结高标准的双边投资协定为中国企业提供安全保障。高标准的双边投资协定将为中国对外直接投资的发展提供便利条件和安全保障，促进中国对外直接投资的发展。准入前国民待遇将一定程度上降低发达经济体投资准入门槛。高标准的透明度规则为中国企业提供了透明的、可预测的、稳定的投资环境。赋予投资者以更加便利的条件把投资争端提请国际仲裁，增加了东道国违约的风险，降低了中国投资者的投资风险。

6. 为中国参与新一轮国际投资规则变革提供平台

在全球价值链的深化和发展要求国际贸易投资规则由边界外向边界内延伸的背景下，美国等发达国家通过主导跨太平洋伙伴关系协议、跨大西洋贸易与投资伙伴关系协议、诸（多）边服务业协议等贸易投资协定谈判，力图继续掌握新一轮国际贸易投资规则制定的话语权。以前中国一直被动地接受发达国家制定的国际规则，而目前作为全球的贸易、投资大国，如果仍然一直排斥有关高标准国际投资协定的谈判，那么中国未来在国际投资贸易规则中将被边缘化。这不仅不利于中国未来的对外经济发展，而且也不利于提高中国在未来世界格局中的地位。所以在新一轮国际投资规则变革过程中，中国应积极参与，以提升中国在新一轮国际投资规则制定中的话语权。而目前条件下中国不适合参与太平洋伙伴关系协议、跨大西洋贸易与投资伙伴关系协议等高标准的自贸区协定，为了熟悉新的国际投资规则和尽可能降低太平洋伙伴关系协议、跨大西洋贸易与投资伙伴关系协议等高标准自贸区协定对中国的不利影响，中国可以先与其缔结高标准的双边投资协定，为未来缔结高标准的自贸区协定奠定基础。因此通过与欧美等发达经济体之间开展高标准的双边投资协定谈判，不仅有利于降低欧美等发达经济体之间缔结高标准自贸区协定对中国造成的消极影响，而且还有利于中国熟悉国际投资新规则，积极参与国际新规则的制定，提升中国在未来国际投资格局中的地位。

（二）高标准双边投资协定给中国未来的发展带来的挑战

高标准的双边投资协定要求国内市场的高度开放，这不仅增加了国内经济发展受外部风险的影响，而且还要求中国的金融监管、外资管理体制等领域的管理水平与之相适应，否则将使中国面临金融风险、国际仲裁等风险。所以高标准双边投资协定在给中国未来经济发展带来重大机遇的同时，还给中国未来经济社会的发展带来了挑战。

1. 对中国的金融监管制度提出了更高的要求

较多种类的金融衍生工具将可能纳入投资定义，这将大幅度增加中国控制金融风险的难度。中国以前缔结的双边投资协定中投资的定义中不包含金融衍生品，而美国2012BIT范本中投资的定义里包含金融衍生品。随着国际投资的发展，金融衍生工具将可能被纳入中国新一代双边投资协定的投资定义中。在新一代双边投资协定中把较多种类的金融衍生工具纳入投资的定义，宽广的定义范围将为市场带来较大的风险，尤其是对金融监管尚不完善的中国来说，金融风险更大。因为在金融监管相对比较完善的欧美等发达经济体尚不能完全对金融衍生品的风险给予完全控制,更何况中国的金融监管还尚处于建设过程中。这要求中国的金融监管加快建设步伐,以适应新的形势。

放松转移限制,资本流通风险增加。由于中国资本账户尚未放开、尚存外汇管制,因此以前中国缔结的双边投资协定对外资自由转移问题一般均设置了"必须按照东道国的法律和法规"限制条件,这就保证了中国在必要之时可以采用中国的法律法规来限制外资的转移,从而减弱了热钱及游资对中国经济的影响。但考虑到欧美一直强调投资自由化且美国2012BIT范本的转移条款没有这一限制条件,同时2012年美国-加拿大双边投资协定中的转移条款也不包含"必须按照东道国的法律和法规"的限制条件,因此新一代双边投资协定很可能也将消除这一限制条件。由于中国的市场经济制度尚不完善,国家经济的运行对政策的依赖依然存在,且金融监管尚处于建设过程中,因此一旦消除这一限制条件,就降低了中国对热钱和游资的控制。热钱及游资的快速进出,将影响中国金融流动的稳定,甚至影响宏观经济稳定。此外,虽然协议文本中还会设立一些有关转移的例外条款,但是对于金融监管尚不完善的中国来说,这些例外条款对国际金融风险的控制所起的作用有限。这也要求中国加快金融监管建设的步伐。

2. 负面清单蕴含的不确定风险

相对于缔约国来说,负面清单的作用主要是通过设置一些措施为缔约国保留一定的政策空间。实际上负面清单就是产业开放的底线①。理论上就是把涉及国家安全、战略性幼稚的产业(行业)纳入负面清单。但是这不仅涉及对目前现有产业的保护问题,还涉及对未来出现的新兴产业的保护问题。这不仅需要科学分析现有产业竞争力,而且还要求准确地预测未来产业的发展状况。而较高的前瞻能力和预测分析能力是建立在具有一定的大数据分析的基础上,但中国的大数据分析尚处于起步阶段,产业发展的前瞻预测能力与欧美等发达国家还有一定的差距。并且目前中国产业发展正处于快速成长转型期,新产业、新技术层出不

---

① 郝红梅:《探索准入前国民待遇加负面清单的外资管理模式》,《中国经贸导刊》2014年第10期,第26~31页。

穷，难以预测判断，而能够列入负面清单的产业非常有限。如果没有把未来出现的具有战略性的新产业或新技术部门纳入负面清单，那么如果再想把这些产业或部门纳入负面清单，可能将要付出一定的代价。中国在 WTO 原材料争端中败诉就是一个例子①。所以能够列出一个切实反映中国现在和未来发展的简单、有效的负面清单对中国来说也是一个很大的挑战。

3. 中国被诉国际仲裁庭的风险增加

虽然国际社会正基于平衡东道国和外国投资者的权利和义务的角度对投资者争端解决机制进行改革，但赋予外国投资者更便利的权利把与东道国的争端诉请国际仲裁也是国际投资协定发展的趋势。而投资争端解决机制对缔约国来说是一把双刃剑。赋予投资者更便利的权利把与东道国的争端诉请国际仲裁虽然有利于保护海外投资者的合法权益，推动海外投资的发展，但是也增加了本国被外国投资者起诉到国际仲裁庭的风险。虽然中国缔结双边投资协定的数量位居全球第二，引进外资的数量也位居全球第二，但是中国政府还未被外国投资者起诉到国际仲裁庭②，其原因主要有：一是中国对利用国际仲裁解决投资争端的途径一直比较谨慎。中国在 1998 年以前仅规定涉及补偿额的争端可以通过国际仲裁解决，1998 年以后虽然提出"涉及到任何争议均可提交国际仲裁"，但是其前提条件是"用尽国内行政复议"，这就限制了投资者诉请国际仲裁的机会。二是中国以前给予外国投资者的待遇较低，比如有限制的国民待遇，且对可持续发展的关注度较低，因此也很少出现违约的情况。但这并不能说明中国不存在被投资者起诉的可能或中国政府的行政管理水平很高。由于中国还处于转型期，市场经济制度还不完善，法律法规及政策仍然不稳定，中国对外缔结的双边投资协定没有统一的模式，条款内容差异较大，这些将可能增加中国与外国投资者发生争端的可能性。因此高标准双边投资协定的缔结及实施将增加中国被起诉到国际仲裁庭的风险。

---

① 梅新育：《负面清单的潜在风险》，《中国金融》2014 年第 13 期，第 96 页。
② 2011 年，马来西亚的投资者把中国政府起诉到国际仲裁庭，但因双方和解而终止了仲裁程序。

# 第六章　双边投资协定对中国对外直接投资影响的实证检验

理论上认为，双边投资协定可以为企业境外投资提供透明、稳定、可预见的投资环境，降低企业经营环境的不稳定性和交易成本，从而推动缔约国对外直接投资的发展。同时，发达国家的实践也表明母国政府与东道国签订的双边投资协定可以促进对外直接投资的发展。然而中国所签订的双边投资协定在赋予投资者保护自身合法利益方面与发达国家相比还有一定的差距。那么中国所签订的双边投资协定是否能像发达国家那样促进对外直接投资发展呢？本章将基于2003~2013年的面板数据，采用面板数据模型分析法对双边投资协定对中国对外直接投资的影响进行实证检验来回答这一问题。本部分主要有三部分内容：一是模型构建与变量选择；二是从双边投资协定整体的角度分析双边投资协定对中国对外直接投资的影响；三是从主要关键条款的角度分析双边投资协定对中国对外直接投资的影响。

# 第一节 模型构建与变量选取

## 一、模型构建

本书在文献研究和理论分析的基础上,设定如下计量模型来检验双边投资协定对中国对外直接投资的影响:

$$ODI_{it} = \beta_0 + \beta_1 BIT_{it} + \beta_2 INST_{it} + \beta_3 BIT_{it} * INST_{it} + \beta_4 X_{it} + \varepsilon_{it}$$

其中,$ODI_{it}$是被解释变量,代表中国在第 t 年对东道国 i 的直接投资;$BIT_{it}$是核心解释变量,表示中国与东道国 i 签订的双边投资协定;$INST_{it}$也是核心解释变量,表示东道国 i 的制度环境;$BIT_{it} * INST_{it}$为交叉项,代表 BIT 在东道国 i 的国内制度环境的作用下对 ODI 的影响效果,也即双边投资协定间接影响 FDI 流动的效果;$X_{it}$是控制变量,主要指东道国 i 的经济及社会因素;$\varepsilon_{it}$是误差项;$\beta_0$、$\beta_1$、$\beta_2$、$\beta_3$、$\beta_4$是待估参数。

## 二、变量选取

### (一) 因变量

本书的因变量是对外直接投资。目前反映中国对外直接投资状况的有存量数据和流量数据。存量数据反映的是一种静态累计结果,不能完全反映东道国投资环境的动态变化,而流量数据反映的是一种动态变化结果,反映了东道国投资环境的动态变化。此外,一些研究发现 FDI 的流量数据比存量数据具有较低的自相关性(Blonigen et al., 2004)①。为了更好地分析东道国投资环境的变化对中国

---

① Blonigen, B. A., et al., "FDI in space: Spatial autoregressive relationships in foreign direct investment", NBER Working Paper, No. 10939, December 2004.

对外直接投资的影响，本书选取中国对外直接投资的流量数据作为被解释变量，用 ODI 来表示。中国对外直接投资数据来源于中国对外直接投资理念的统计公报。

（二）解释变量

1. 核心解释变量

（1）双边投资协定。双边投资协定的一个重要作用就是将缔约国的国内法提升至国际法层面，通常还伴有争端解决机制，如果缔约国违背条约规定将产生国家责任，这就降低了东道国违背条约义务的可能性，使投资者在东道国面临的时间不一致性风险降低。也就是说，双边投资协定通过降低东道国投资环境的不稳定性，降低交易费用，来促进 FDI 流动。因此本书预期双边投资协定对中国对外直接投资有着积极的影响。

目前对双边投资协定对 FDI 流动影响的研究主要采用把双边投资协定作为虚拟变量赋值 0 或 1 的方法，但把双边投资协定作为虚拟变量赋值 0 或 1 的方法不能衡量双边投资协定相互之间的差异。而实际上不同缔约国之间缔结的双边投资协定在一定程度上存在一定的差异。所以这种研究方法存在一定的误差。为了降低分析结果的误差，本书在借鉴 Lesher 和 Miroudot （2006）、Jang 和 Lee （2011）、Nguyen 等（2014）构建 RATs 中投资条款指数或 BIT 指数的方法的基础上，从中国双边投资协定内容条款的特殊性出发尝试构建中国双边投资协定的指数（BIT Index）来研究双边投资协定对中国对外直接投资的影响。双边投资协定的指数（BIT Index）构建方法见附录1。

对于 BIT 的赋值起点有两种：一是以生效时间为起点，二是以签署时间为起点。本书选择以生效时间为起点。因为双边投资协定中规定的法律责任和权利只有双边投资协定生效后才发挥作用，因此单纯的签署形成的东道国法律承诺如果没有生效就是空谈。尽管《维也纳公约》第18条规定"一国负有义务不得采取任何足以妨碍条约目的及宗旨之行动"①，也就是说，即使双边投资协定没有生

---

① 参见《维也纳公约》第18条。

效,也对缔约国有一定的约束,但是这种约束不具有强制性,对缔约国的约束力不强,如果缔约国违反条约,则不能按照条约的规定对投资者进行保护。所以本书采用生效年份作为 BIT 赋值的起点。如果中国与东道国 i 缔结的双边投资协定在 t 年生效了,则 BIT 取值为双边投资协定的最终指数值,否则为 0。双边投资协定指数用 BIT 来表示。同时为了比较不同条款对中国对外直接投资的影响,本书还选择公平公正待遇条款、国民待遇条款、最惠国待遇条款、征收补偿条款、投资者-国家争端解决机制条款等主要关键条款对中国对外直接投资的影响进行检验。公平公正待遇条款、国民待遇条款、最惠国待遇条款、征收补偿条款、投资者-国家争端解决机制条款分别用 EFT、NT、MFT、Exprop、ISDs 来表示。

(2) 制度环境。制度环境是影响企业区位选择的重要因素。制度环境对投资者选择的影响主要有以下几个方面:一是良好的制度有助于提高生产效率,为投资者创造了良好的愿景,因此良好的制度环境对吸引 FDI 有着积极影响。二是制度环境对企业的经营成本有着重要的影响。高质量的制度环境可以有效降低企业的经营风险及成本 (North, 1990)[1]。低质量的制度环境容易引发一些寻租现象,将增加投资者的交易成本,这就意味着投资者要在制度不完善的地区进行投资就需要承担较高的交易成本,同时潜在的交易也可能会被阻碍 (Meyer, 2001)[2],比如腐败可能会阻碍投资,增加企业的经营成本。因为投资者需要对官员行贿,才可以获得经营牌照和许可证。三是制度环境直接影响着企业的经营风险。在制度不完善的国家 (地区) 由于政府的低效、政策不稳定性、法律体系不完善、知识产权保护不足等导致企业经营环境的不确定性增加,企业的经营风险增加。而在制度完善有效的国家,企业的经营环境比较稳定,企业所面临的不确定性也比较低,有利于企业展开经营活动。国内许多学者的研究也表明东道国的制度环境是影响中国对外直接投资的重要因素,但尚未得到统一的结论,比

---

[1] North, D. C., *Institutions, Institutional Change and Economic Performance*, New York: Cambridge University Press, 1990.

[2] Meyer, K., "Transacation Costs, and Entry Mode Chioce in Eastern Europe", *Journal of International Business Stuties*, Vol. 32, No. 2, 2001, pp. 357 – 367.

如：陈松、刘海云（2012）等认为中国对外直接投资倾向于治理水平较低的国家①；张雨、戴翔（2013）等认为东道国的政治风险没有对中国的对外直接投资产生影响②；谢孟军、郭艳茹（2013）等认为中国倾向于在法治完善的地区进行投资③。关于东道国的制度环境对中国对外直接投资的影响，本书将通过实证进行检验。

本书采用世界银行公布的公共治理测评指标——全球治理指标④（Worldwide Governance Indicators，WGI）中的话语权与问责制、政治稳定性与杜绝暴力、政府效率、监管质量、腐败控制和法律与秩序等六个指标，来衡量东道国的制度环境，分别用 VA、PS、GE、RQ、CC 和 RL 来表示。每个指标取值在 -2.5 ~ 2.5 之间，数值越大表明东道国的制度环境越好，反之则制度质量越低。

2. 控制变量

Dunning（1977）认为开拓海外市场、寻找低成本的生产地、获取自然资源和战略资产是对外直接投资的主要动机⑤。随着中国对外直接投资的发展，中国对外直接投资的动机也成为国内外学者讨论的重要议题。Cheung 和 Qian（2009）

---

① 陈松、刘海云：《东道国治理水平对中国对外直接投资区位选择的影响——基于面板数据模型的实证检验》，《经济与管理研究》2012 年第 6 期，第 71~78 页。

② 张雨、戴翔：《政治风险影响了我国企业"走出去"吗?》，《国际经贸探索》2013 年第 29 卷第 5 期，第 84~93 页。

③ 谢孟军、郭艳茹：《法律制度质量对中国对外直接投资区位选择影响研究——基于投资动机视角的面板数据实证检验》，《国际经贸探索》2013 年第 29 卷第 6 期，第 107~118 页。

④ 世界银行从 1996 年开始定期发布全球治理指数，该指标体系从话语权与问责制（观测一国公民可以在何种程度上参与到政府的选择之中，以及言论自由、结社自由和媒体自由）、政治稳定与杜绝暴力（观测政府被违宪手段或暴力手段动摇或推翻的可能性，包括政治动机的暴力和恐怖主义）、政府效率（观测公共服务的质量、行政部门的质量及其在政治压力下的独立程度、政策制定和实施的质量以及政府对此类政策做出的承诺的可信度）、监管质量（观测政府制定与实施稳健政策法规、允许并推动私有部门发展的能力）、法治与秩序（执法人员对社会制度的信心和服从程度，重点关注合约执行、财产权、警察、法庭的质量以及犯罪和暴力行为发生的可能性）和遏制腐败（观测把公共权力用于谋取私利的程度，包括大小形式的腐败以及精英阶层和私人利益对国家的"占取"）等六个方面全面衡量世界不同国家公共治理状况，该指数也是世界范围内影响最大、最为权威的综合性的公共治理测评指标。该指标体系覆盖全球 212 个国家和地区，采用 32 个全球性调查机构的 35 个世界性数据库，从而构建起公共治理的六大指标群来综合衡量世界各国公共治理状况，该体系已成为国际上最为全面的公共治理指标体系。

⑤ Dunning J. H.， *Trade, Location of Economic Activity and the Multinational Enterprises: a Search for an Eclectic Approach*, *The International Allocation of Economic Activity*, Macmillan: London, 1977, pp. 395 - 418.

等人的研究认为寻求市场、寻求资源、寻求效率和获取战略资产是中国对外直接投资的主要目的①。同时中国国际贸易促进委员会发布的《2013年度中国企业对外直接投资情况及意向问卷调查报告》显示拓展海外市场、获取国际知名品牌、为母公司提供零部件和原材料、利用当地成本优势生产母公司的产品、利用当地技术优势从事科研开发等是中国对外直接投资的主要动机。因此本书选择对外直接投资的四个主要动机作为主要控制变量。此外，本书借鉴Chakrabarti（2001）②等人的研究选择了东道国的宏观经济风险、中国与东道国的贸易关系及东道国的外资政策等一些被认为对FDI的区位选择有显著影响的控制变量。

（1）市场规模。东道国的市场规模是东道国区位优势的重要组成部分，它代表着企业的潜在产出，市场规模越大，越有利于企业实现规模效应，且投资机会也越多。所以东道国的市场规模是影响FDI区位选择的重要因素。同时许多学者从实证检验的角度验证出东道国的市场规模对其吸引外资有着积极的影响，比如Wheeler和Mody（1992）等的研究结果表明东道国的市场规模是影响FDI流入的重要因素③。一些有关中国对外直接投资的研究也表明东道国的市场规模对中国对外直接投资有着积极的影响。高宇（2012）等人的研究均表明东道国的市场规模对中国对外直接投资有着显著积极的影响，拓展海外市场是中国对外直接投资的重要动机④。因此本书预期东道国的市场规模对中国对外直接投资有积极的影响。由于跨国企业进行海外投资时不仅考虑东道国的市场规模，还考虑双边地理距离，因此本书采用双边地理距离修正的市场规模来代替市场规模变量，即 GDP = GDP*/DIST，其中 GDP* 表示东道国的国内生产总值，DIST 表示中国与东

---

① Yin‑Wong Cheung and Xingwang Qian, "The Empirics of China's Outward Direct Investment", *Pacific Economic Review*, Vol. 4, No. 3, 2009, pp. 312–341.

② Chakrabarti A., "The Determinants of Foreign Direct Investment: Sensitivity Analyses of Cross‑Country Regressions", *Kyklos*, Vol. 54, No. 1, 2001, pp. 89–113.

③ Wheeler D. and Mody A., "International Investment Location Decisions: The Case of U. S. Firms", *Journal of International Economics*, No. 33, 1992, pp. 57–76.

④ 高宇：《中国企业投资非洲：市场和资源导向——基于面板数据的Tobit分析》，国际经贸探索2012年第28卷第5期，第82~93页。

道国的双边地理距离（Méon 和 Sekkat，2006）①。另外，采用双边地理距离修正的市场规模还可以消除 GDP*与人均 GDP*、双边贸易等数据之间存在的多重共线问题。本书采用东道国的实际 GDP*（以 2010 年为基期的不变价格计算，单位为 10 亿美元）来衡量东道国的 GDP*，相关数据来源于世界发展指标数据库，双边地理距离采用北京与东道国首都的距离来衡量，用 DIST 表示，双边地理距离数据来源于 CEPII 数据库，东道国的市场规模变量用 GDP 来表示。

（2）东道国的劳动力成本。劳动力成本是影响厂商选择对外直接投资区位的重要因素。对于成本寻找型的 FDI 来说东道国劳动力成本是影响 FDI 流入的重要因素。劳动力成本越低，越是有利于提高获利能力。所以劳动力成本与 FDI 的流量成反比关系。低成本是中国企业在国际市场上参与国际竞争的关键因素，但是在人民币升值，中国劳动力、土地等生产要素的价格大幅上升等因素综合作用下，中国企业在价格上的优势正在逐步消失。而在没有实现技术升级或产品创新的条件下，劳动力等生产要素价格的上升将挤压劳动密集型企业的利润空间，这可能迫使这些企业迁到工资、土地等生产要素价格相对较低的地区。姜逸倩、申俊喜（2013）认为东道国的劳动力成本对中国对外直接投资有着显著的消极影响②。因此，本书预期东道国的劳动力成本对中国对外直接投资有消极影响。由于各国的工资水平数据难以获得，本文借鉴 Helpman（1987）的做法③，采用实际人均 GDP（以 2010 年作为基期计算，单位：美元）作为劳动力成本的代理变量，用 WAGE 表示，人均 GDP 数据来源于世界发展指标数据库。

（3）东道国的自然资源禀赋。随着中国经济的发展，国内自然资源供应量已难以满足经济社会发展的需要，中国的自然资源的进口量越来越大，其中石油和铁矿石等资源的对外依赖度已经超过国际警戒线，自然资源缺乏已经成为中国

---

① Méon P. G. and Sekkat K., "Instituional Quality and Trade: Which instiutions? Which trade?", Document de Travial Working Paper, 2006, No. 06.
② 姜逸倩、申俊喜：《中国 ODI 在金砖国家的区位选择研究——基于传统经济因素和制度因素》，《国际商务研究》2013 年第 3 期，第 25~33 页。
③ Helpman E., "Imperfect Competition and International Trade: Evidence from Fourteen industrial countries", Journal of Japanese and International Economies, 1987 (1): 62–81.

经济稳定快速发展的主要瓶颈。中国虽然是能源、矿产资源的主要进口国,但中国没有掌握能源、矿产资源的定价权,同时,依靠传统的进口途径获得资源不仅供应量不稳定,而且还容易造成输入性通胀。通过对资源丰富国家(地区)进行直接投资而获得资源,不仅可以保证稳定的资源供应,而且还可以规避全球资源价格大幅波动的风险,并且因减少市场交易而降低了成本。邓明(2012)等人的研究表明东道国的自然资源禀赋是影响中国对外直接投资重要因素,中国对外直接投资有着明显的资源寻求动机①。中国对外直接投资的行业分布也表明获取自然资源是中国对外直接投资的一个重要目的。截至2013年底,中国对采矿业的投资存量为1061.7亿美元,占中国对外直接投资存量的比重达16.7%,在中国对外直接投资存量行业分布中居第三位。② 因此,本书预期东道国自然资源禀赋的丰富程度对中国对外直接投资有积极影响。本书选取东道国燃料、金属、矿石等产品的出口额③占东道国商品出口总额的比重作为东道国自然资源禀赋的代理变量,用 NR 表示,相关数据来源于世界发展指标数据库。

(4)东道国的技术禀赋。通过并购发达国家的企业或对发达国家进行绿地投资获得商标、先进技术等战略性资产是发展中国家克服后发劣势、实现跨越式发展的重要途径。中国尽管是制造业大国,但因缺乏先进的技术、缺乏品牌和遍布全球的销售或采购渠道等战略性资产,中国在全球的产业分工中处于价值链的末端。而通过对发达国家(地区)进行绿地投资、设立研发机构、合资经营或兼并收购等投资活动获得先进的技术、国际销售渠道、知名品牌等战略资产,是目前条件下提升中国企业竞争力的最佳方式。姚枝仲、李众敏(2011)认为现阶段中国制造业对外直接投资的主要目的是购买外国的先进技术,提高企业的竞争力④。蒋冠宏、蒋殿春(2012)等人的研究也表明发达经济体的战略性资产对中

---

① 邓明:《制度距离、"示范效应"与中国 OFDI 的区位分布》,《国际贸易问题》2012 年第 2 期,第 123~135 页。
② 资料来源:《2013 年度中国对外直接投资统计公报》。
③ 燃料包含 SITC section 3 (mineral fuels);金属和矿石主要包含 SITC divisions 27、28 等。
④ 姚枝仲、李众敏:《中国对外直接投资的发展趋势与政策展望》,《国际经济评论》2011 年第 2 期,第 127~141 页。

## 第六章　双边投资协定对中国对外直接投资影响的实证检验

国的对外直接投资有着积极显著的影响，中国对发达国家不是利用竞争优势，而是弥补竞争劣势①。同时，中国国内一些企业的跨国并购行为，比如联想收购IBM个人电脑业务、吉利收购沃尔沃轿车、三一重工收购普茨迈斯特等，也表明获取技术、品牌、销售渠道是中国对外直接投资的一个重要动机。因此，本书预期东道国的技术禀赋对中国对外直接投资有积极影响。本书选取东道国的商标数量和申请专利数量作为东道国技术禀赋的代理变量，用TEC表示，数据来源于世界发展指标数据库。

（5）双边贸易关系。对外直接投资与国际贸易之间是替代关系还是互补关系，在理论研究和实证研究中均未得出统一结论。有人认为贸易壁垒的存在引发了对外直接投资，对外直接投资与国家贸易是替代关系。Belderbos（2001）认为欧盟对日本商品的反倾销政策推动了日本对欧盟的直接投资，日本对欧盟的投资与日本与欧盟的贸易存在替代关系②。杜凯、周勤（2010）也认为贸易壁垒是中国对外直接投资的重要原因，反倾销和关税是诱发中国对外直接投资的重要驱动力③。有人认为双边贸易是FDI的先导，通过贸易能够积累在东道国经营的信息，比如法律、消费者的消费习惯，为对外投资做准备。所以双边贸易量越大，表明双边经济联系越紧密，相互直接投资的可能性也就越大。李猛、于津平（2011）发现双边贸易对中国的对外直接投资有着显著积极影响。对于中国与东道国的贸易和中国对外直接投资的关系，本书将进行实证检验。本书采用中国与东道国的双边贸易额占东道国对外贸易总额的比重来衡量贸易关系，用TRAE表示。双边贸易总额数据来源于国家统计局年度数据库，东道国的对外贸易总额数据来源于UNCTAD数据库。

（6）东道国的外资政策。东道国外资政策是影响跨国企业进行投资的重要

---

① 蒋冠宏、蒋殿春：《中国对外投资的区位选择：基于投资引力模型的面板数据检验》，《世界经济》2012年第9期，第21~40页。

② Bloneigen B., "In search of substitution between foreign production and export", *Journal of International Economics*, No. 53, 2001, pp. 81 – 104.

③ 杜凯、周勤：《中国对外直接投资：贸易壁垒诱发的跨越行为》，《南开经济研究》2010年第2期，第44~63页。

因素。已有对双边投资协定对 FDI 流动影响的研究多数没有考虑东道国外资政策的影响,而东道国外资政策是影响 FDI 流入东道国的重要因素,如果缺失将会导致高估双边投资协定对 FDI 流动的影响。为了准确地衡量双边投资协定对中国对外直接投资的影响,采用东道国对外资的开放程度作为东道国外资政策的代理变量。开放的外资政策提升了企业经营环境的稳定性,降低了企业经济的风险,因而外资的开放程度越高越有利于吸引外资。而严格的外资监管政策增加了企业经营的不稳定性,企业经营的风险增加,所以严格的外资监管政策不利于外资流入。因此,本书预期东道国外资政策对中国对外直接投资的流入有着积极的影响。本书沿用宗芳宇、路江涌、武常岐(2012)等人度量东道国外资开放程度的方法,采用美国传统基金会发布的投资自由化指数表示东道国对外资的开放程度,用 INFL 表示。

(7) 东道国的宏观经济风险。东道国稳定的宏观经济形势是东道国良好投资环境的重要表现。不稳定的宏观经济形势不仅为企业的经营增添了更多的不确定性,同时也是企业面临的经济风险的主要来源。东道国的宏观经济风险较高将给企业的经营活动增添不确定性,比如高通货膨胀将造成东道国国内货币贬值,进而影响市场寻求型企业的收益,增加出口企业的成本,因而不稳定的宏观经济形势影响企业的长期规划。因为,稳定的宏观经济形势是企业通过价格设定和盈利预期进行企业长期规划的重要前提,如果宏观经济不稳定,企业就难以通过价格设定和盈利预期进行企业的长期规划。因此本书预期东道国的宏观经济风险对中国的对外直接投资有着消极的影响。本书采用东道国的通货膨胀作为东道国宏观经济风险的代理变量,用 CPI 表示,数据来源于世界发展指标数据库。

### 三、样本选择

截至 2013 年底,中国 1.6 万家境内投资者在全球 184 个国家(地区)开展直接投资活动。① 然而统计数据表明,中国对外直接投资流向卢森堡、塞浦路

---

① 数据来源:《2013 年度中国对外直接投资统计公报》,第 4 页。

斯、开曼群岛、英属维尔京群岛和中国香港等避税港及金融自由港的规模较大，但对这些国家（地区）的投资往往只是资金的中转站，无法体现投资的最终目的地和动机。如果用包含这些国家（地区）的样本进行实证研究，将可能产生较大误差，导致结果不准确。因而，本书在选取东道国样本时剔除了这些接收了中国大量对外直接投资的"避税港"及金融自由港的国家（地区）。同时考虑到数据的连续性和可得性，本书选取108个样本国家进分析（详见附录2）。

**四、数据处理**

由于东道国的GDP与人均GDP、中国人均GDP、中国与东道国的贸易总额、中国对外直接投资流量都是用当年美元价格统计的，为了剔除价格因素的影响，本书以2005年不变美元价格为基准，将其折算成2005年不变美元价格。同时，由于面板模型回归结果对样本数据的异方差极为敏感，而样本面板数据往往由于不同样本的规模差异存在较严重的异方差，并且面板自相关也不容忽视，为降低异方差对检验结果的影响，本书对除双边投资协定及制度环境变量外的其他变量数据采用取自然对数的方式进行处理。此外，为了降低异方差的影响，本书在实证检验过程中采用聚类稳健标准差（VCE）的方法得到z值。

但从中国对外直接投资流量数据来看，中国在很多国家的直接投资流量存在有些年份为零或负值，甚至缺失的现象。而目前有关中国对外直接投资的研究多数均假设中国对一些东道国直接投资的流量数值在某些年份为零或负值的现象是随机发生的，因此可以忽略这些数据。而实际上，某些年份中国在一些东道国的直接投资为0或负值并不是随机发生的，而是由于东道国的投资环境发生了变化。如果只保留中国在东道国的直接投资为正值的样本，那么所获得的样本就是自我选择样本（Self–Select Sample），而不是随机样本（Random Sample）。由于这种自我选择获得的样本漏掉了一些信息，将会导致有偏估计的产生（Coe 和

Hoffmaister, 1998)①。因此, 如果采用剔除这些 0 值或负值的处理方式将导致估计结果不准确。为了得到比较准确的结果, 本书借鉴 Eichengreen 和 Irwin (1995) 以及 Levy - Yeyati 等 (2007)② 等有关负 FDI 的数据转换的方法对中国对外直接投资数据进行处理:

LnODI = Ln(1 + ODI), if ODI $\geq 0$

LnODI = - Ln(1 + | ODI | ), if ODI < 0

由于 CPI 数据存在负数及 0, 所以对 CPI 也采用类似方法进行处理。

## 第二节 实证检验及结果分析

### 一、双边投资协定对中国对外直接投资影响的实证检验

(一) 整体样本检验结果

本书首先采用 108 个样本国家的 2003 ~ 2013 年③的面板数据进行检验, 各变量的描述性统计见附录 3。

在实证检验前, 本书首先采用相关系数矩阵检验了各解释变量之间是否存在多重共线问题 (结果见附录 4)。由相关系数矩阵的检验结果可知, 东道国制度环境 6 个代理变量的相关系数均大于 0.7, 而其他变量之间的相关系数都不大于

---

① Coe D. and Hoffmaister A., "North - South Trade: Is Africa Unusual", *Journal of African Economics*, Vol. 8, No. 2, 1998, pp. 228 - 256.

② Eichengreen B. and Irwin D., "Trade blocs, currency blocs, and the reorientation of trade in the 1930s", *Journal of International Economics*, No. 38, 1995, pp. 1 - 24.

Levy - Yeyati E., Panizza U., and Stein E., "The cyclical nature of north - south FDI flows", *Journal of International Money and Finance*, Vol. 26, No. 1, 2007, pp. 104 - 130.

③ 尽管自 2003 年起中国开始连续发布对外直接投资的数据, 但在 2007 年以前中国对外直接投资的数据统计不包含金融行业的对外直接投资, 2007 年起中国公布的对外直接投资数据包含金融业在内的全行业的对外直接投资数据。有些学者认为由于前后统计口径不一致, 因而在研究时应分为两个阶段进行研究。而本书认为在 2007 年以前中国金融业的对外直接投资规模较小, 可以忽略不计。

0.6，这表明东道国制度环境的 6 个代理变量之间存在多重的共线问题，而其他变量之间不存在严重的多重共线问题。同时为了准确起见，本书在每一次回归后还采用方差膨胀因子（Variance Inflation Factor，VIF）进一步检测变量间是否存在多重共线问题（方差膨胀因子的检验结果见附录 5），发现在各回归模型中除制度环境中的部分变量的方差膨胀因子大于 10 外，其他变量的膨胀方差因子均小于 10①。所以，可以认为除制度环境中的部分变量以外其他变量之间不存在严重的多重共线性问题，可以进行实证检验。东道国制度环境的 6 个代理变量不适合同时引入模型进行估计，所以本书将每次只引入一个制度指标进行回归，以避免多重共线问题。

面板数据主要有混合回归模型、固定效应模型和随机效应数据模型三种检验方法。三种检验方法并没有绝对的优劣之分，需要根据不同的情形采用不同的检验方法。本书分别采用 LM 检验和 Hausman 检验来选择合适的检验方法进行检验，检验结果显示，固定效应模型是最优估计方法。详细检验结果见表 6 - 1。

表 6 - 1　整体样本检验结果

| 变量 | (1) INST = VA | (2) INST = PS | (3) INST = GE | (4) INST = RQ | (5) INST = CC | (6) INST = RL |
| --- | --- | --- | --- | --- | --- | --- |
| GDP | 4.3560 ** (1.6589) | 4.2714 ** (1.6505) | 4.6204 *** (1.6443) | 4.2235 ** (1.6390) | 4.3153 ** (1.6411) | 4.3277 *** (1.6413) |
| WAGE | -1.9271 * (1.0146) | -2.0599 * (1.1976) | -1.7114 * (0.8776) | -1.9790 * (1.0097) | -1.6049 * (0.9376) | -1.7734 * (0.9852) |
| NR | 0.1172 * (0.0651) | 0.1417 * (0.0015) | 0.1043 * (0.0555) | 0.1174 ** (0.0037) | 0.1271 ** (0.0577) | 0.1046 ** (0.0427) |
| TEC | 0.0296 (0.0697) | 0.0285 (0.0699) | 0.0307 (0.0696) | 0.0304 (0.0697) | 0.03528 (0.0698) | 0.0356 (0.0695) |
| TRADE | 0.6892 *** (0.2196) | 0.7089 *** (0.2194) | 0.6423 *** (0.2208) | 0.7116 *** (0.2368) | 0.6657 *** (0.2204) | 0.6825 *** (0.2213) |

---

① VIF 越大则说明多重共线问题越严重。但根据一个经验规则，最大的 VIF，即 MAX｛VIF1……VIFk｝，不超过 10，可以认为不存在多重共线问题。

续表

| 变量 | (1) INST = VA | (2) INST = PS | (3) INST = GE | (4) INST = RQ | (5) INST = CC | (6) INST = RL |
|---|---|---|---|---|---|---|
| INLF | 0.6071 * (0.3425) | 0.6275 * (0.3422) | 0.6882 ** (0.3426) | 0.5717 * (0.3455) | 0.6796 * (0.3447) | 0.6235 * (0.3416) |
| CPI | -0.0349 ** (0.0134) | -0.0346 ** (0.0134) | -0.0357 *** (0.0133) | -0.0351 ** (0.0134) | -0.0363 *** (0.0134) | -0.0348 ** (0.0134) |
| BIT | 0.3208 (0.5477) | 0.4710 (0.5604) | 0.5318 (0.5712) | 0.3946 (0.5703) | 0.2251 (0.5578) | 0.2455 (0.5501) |
| INST | 0.1441 (0.8414) | 0.1980 (0.7964) | 0.1397 (0.8188) | 0.1193 (0.8865) | 0.1658 (0.8018) | 0.1226 (0.8610) |
| BIT * INST | -0.6309 (0.6881) | -0.5726 (0.5015) | -0.7703 (0.6810) | -0.5872 (0.5510) | -0.4727 (0.4502) | -0.5208 (0.4911) |
| LR 检验 | 219.69 *** [0.0000] | 200.49 *** [0.0000] | 223.36 *** [0.0000] | 234.57 *** [0.0000] | 219.38 *** [0.0000] | 192.69 *** [0.0000] |
| Hauman 检验 | 38.45 *** [0.0000] | 33.27 *** [0.0002] | 39.33 *** [0.0000] | 30.84 *** [0.0006] | 39.39 *** [0.0000] | 43.36 *** [0.0000] |
| F 检验 | 14.27 *** (0.0000) | 14.16 *** [0.0000] | 14.86 *** [0.0000] | 14.26 *** [0.0000] | 14.40 *** [0.0000] | 14.74 *** [0.0000] |
| NO. | 108 | 108 | 108 | 108 | 108 | 108 |
| Obs | 1188 | 1188 | 1188 | 1188 | 1188 | 1188 |

注：*、**、*** 表示在 10%、5%、1% 的水平下显著；圆括号内的数字为稳健标准误，方括号内的数字为检验的 p 值。

1. 双边投资协定对中国对外直接投资的影响

双边投资协定对中国对外直接投资的直接影响。由表 6-1 可得，变量 BIT 系数为正值，变量 BIT * INST 的系数均为负值，但均没有通过显著性检验。这说明从整体上看双边投资协定没有对中国对外直接投资产生显著影响。其可能的解释主要有：第一，一些双边投资协定给予投资者的待遇和保护的标准较低，比如对国民待遇、投资争端解决机制等关键条款设置了严格的限制条件，不利于企业利用双边投资协定来维护企业的利益，因而企业投资时对东道国是否与中国签订了双边投资协定考虑较少。第二，本书选择的一些样本国像美国、加拿大、巴西等虽是中国对外直接投资的大国，但是中国没有与这些国家缔结双边投资协定或签订的双边投资协定还没有生效,这也对实证结果产生一定的影响。第三,还可能存在一个重要的原因,那就双边投资协定对 FDI 流动的影响可能存在着显著的发达国家与发展中国家的国别差异(李平、孟寒、黎艳,2014),把发达国家样本和发展中国家样本放在一起进行检验,忽视双边投资协定对中国对外直接投资影响的国别差异,掩盖了在一定范围内双边投资协定对中国对外直接投资的作用。由此,下面本书将把整体样本分为发达国家样本组与发展中国家样本组进行分组检验。

2. 东道国的制度环境对中国对外直接投资的影响

实证结果显示,变量 INST 的系数为正值,但没有通过显著性检验。这与预期结果存在着一定的差异,其可能的解释是:一是东道国的制度环境不是影响中国对外直接投资的重要因素;二是不同类型国家的制度环境对中国对外直接投资的影响存在着一定的差异。发达国家与发展中国家的制度环境存在着显著的差异,把发达国家样本和发展中国家样本放在一起进行检验,这就可能忽视了发达国家与发展中国家不同的制度环境对中国对外直接投资影响的国别差异。

3. 中国对外直接投资的动机

由表 6-1 可以看出,变量 GDP(市场规模)、WAGE(劳动力成本)、NR(自然资源禀赋)的检验结果均与预期结果一致,且均通过了显著性检验。这说明东道国的市场规模、劳动力成本、自然资源禀赋对中国对外直接投资有着显著的影响,同时还表明中国对外直接投资具有显著的市场寻求动机、效率寻求动机和寻求稳定自然资源供应市场的动机。这与李平、孟寒、黎艳(2014)等人的研究结果相似。变量 TEC(技术禀赋)的系数为正,但没有通过显著性检验。可能的原因是变量 TEC 对中国对外直接投资的影响存在着发达国家与发展中国家的国别差异,把发达国家样本和发展中国家样本放在一起进行检验,忽视技术禀赋对中国对外直接投资影响的国别差异,掩盖了在一定范围内技术禀赋对中国对外直接投资的作用。

4. 中国与东道国的贸易关系对中国对外直接投资的影响

由实证检验结果可知,变量 TRADE 的系数均为正值且通过了 1% 的显著性检验。这表明中国与东道国的贸易关系对中国对外直接投资有着显著积极的影响。同时也说明中国对外直接投资是属于"贸易带动"类型。另外，投资国与东道国的法律、文化、消费偏好等方面的差异是造成外资企业具有"外来劣势"特征的主要原因，而双边贸易关系是投资国企业获得东道国法律、文化、消费偏好等信息来降低"外来劣势"的重要渠道。

5. 东道国的外资政策对中国对外直接投资的影响

实证检验结果显示，变量 INFL 在各模型中的系数均为正值，且通过显著性检验。这表明东道国的外资政策对中国的对外直接投资产生显著影响。说明中国企业倾向于在相对自由化的国家（地区）进行投资，因为投资自由化程度越高，企业投资成本越低。

6. 东道国的宏观经济稳定性对中国对外直接投资的影响

由表 6-1 可以看出，CPI 的系数均为负值，且通过显著性检验。这说明东道国的通货膨胀是影响中国对外直接投资的重要因素。这表明中国企业倾向于对宏观经济环境较为稳定的国家进行投资，因为宏观经济环境越稳定，企业投资、经营成本越低。

（二）分类样本检验

上文采用整体样本检验了双边投资协定对中国对外直接投资的影响。然而双边投资协定对 FDI 流动影响作用的发挥受东道国制度环境的影响。而发达经济体与发展中经济体的制度环境有着巨大的差异，因此仅对发达经济体和发展中经济体混在一起的样本进行分析不能准确地说明双边投资协定对中国对外直接投资的影响。为了准确分析双边投资协定对中国对外直接投资的影响，本书将采用国际通用标准，把东道国样本分为发达经济体和发展中经济体，其中发达经济体样本为 26 个，发展中经济体样本为 82 个（样本国家的名单详见附录 2）。

本部分在实证检验前分别采用 LM 检验和 Hausman 检验的检验方法对选择何种检验方法进行检验，结果显示，最优的检验方法是固定效应模型的检验方法。因此本部分采用固定效应模型的检验方法进行检验，检验结果见表 6-2、表 6-3。

表6-2 发达国家样本的检验结果

| 变量 | (1)<br>INST = VA | (2)<br>INST = PS | (3)<br>INST = GE | (4)<br>INST = RQ | (5)<br>INST = CC | (6)<br>INST = RL |
|---|---|---|---|---|---|---|
| GDP | 0.6010**<br>(0.2908) | 0.7516**<br>(0.3421) | 0.5957**<br>(0.2917) | 0.4378**<br>(0.2138) | 0.4689**<br>(0.2279) | 0.4215**<br>(0.2018) |
| WAGE | 0.4908*<br>(0.2652) | 0.3726*<br>(0.2093) | 0.5380*<br>(0.2773) | 0.4306*<br>(0.2220) | 0.5072*<br>(0.2642) | 0.4810*<br>(0.2544) |
| NR | 0.3357<br>(0.2872) | 0.2522<br>(0.2645) | 0.5512<br>(0.4073) | 0.4398<br>(0.3972) | 0.3347<br>(02918) | 0.5382<br>(0.4519) |
| TEC | 0.2339**<br>(0.1053) | 0.2818**<br>(0.1150) | 0.3195**<br>(0.1624) | 0.1629*<br>(0.0947) | 0.1985*<br>(0.1050) | 0.2223**<br>(0.1084) |
| TRADE | 2.0695***<br>(0.3538) | 2.0920***<br>(0.3484) | 1.8023***<br>(0.3509) | 1.9064***<br>(0.3310) | 2.0059***<br>(0.3392) | 1.1819***<br>(0.3593) |
| INLF | 0.9788<br>(0.8517) | 0.5207<br>(0.6207) | 0.7639<br>(0.7269) | 0.6629<br>(0.6019) | 0.7210<br>(0.6018) | 0.5194<br>(0.6210) |
| CPI | -0.0729<br>(0.1121) | -0.0553<br>(0.1128) | -0.1122<br>(0.1126) | -0.1110<br>(0.1122) | -0.0764<br>(0.1127) | -0.1004<br>(0.1127) |
| BIT | 0.2018<br>(0.5757) | 0.3551<br>(0.4410) | 0.5004<br>(0.4310) | 0.6930<br>(0.5510) | 0.5096<br>(0.5109) | 0.7579<br>(0.6702) |
| INST | 0.2788<br>(0.2391) | 0.6842<br>(0.5401) | 0.7432<br>(0.6619) | 0.8991<br>(0.7529) | 0.4505<br>(0.5109) | 0.2206<br>(0.3871) |
| BIT*INST | 0.2810<br>(0.3624) | 0.3810<br>(0.3557) | 0.3169<br>(0.2868) | 0.3526<br>(0.4601) | 0.4378<br>(0.4721) | 0.3135<br>(0.3319) |
| LR 检验 | 7.05***<br>[0.0040] | 8.65***<br>[0.0016] | 14.32***<br>[0.0000] | 5.91***<br>[0.0075] | 6.60***<br>[0.0051] | 11.34**<br>[0.0000] |
| Hauman 检验 | 43.78***<br>[0.0000] | 40.35***<br>[0.0000] | 46.50***<br>[0.0000] | 57.30***<br>[0.0000] | 50.30***<br>[0.0000] | 27.71***<br>[0.0000] |
| F 检验 | 11.69***<br>[0.0000] | 10.43***<br>[0.0000] | 11.48***<br>[0.0000] | 11.90***<br>[0.0000] | 11.76***<br>[0.0000] | 12.40***<br>[0.0000] |
| NO. | 26 | 26 | 26 | 26 | 26 | 26 |
| Obs | 286 | 286 | 286 | 286 | 286 | 286 |

注：*、**、***表示在10%、5%、1%的水平下显著；圆括号内的数字为稳健标准误，方括号内的数字为检验的p值。

表6-3 发展中国家样本检验结果

| 变量 | (1) INST = VA | (2) INST = PS | (3) INST = GE | (4) INST = RQ | (5) INST = CC | (6) INST = RL |
|---|---|---|---|---|---|---|
| GDP | 4.8467*** (1.7983) | 4.8204*** (1.7791) | 4.8179*** (1.7837) | 4.8085*** (1.7756) | 4.8597*** (1.7733) | 4.6235** (1.7727) |
| WAGE | -0.6306* (0.3318) | -0.5643* (0.3319) | -0.5341* (0.2825) | -0.5431* (0.3068) | -0.5455* (0.2826) | -0.5835* (0.3188) |
| NR | 0.1502** (0.0698) | 0.1573** (0.0669) | 0.1512** (0.0759) | 0.1460* (0.0744) | 0.1647** (0.0672) | 0.1437* (0.0745) |
| TEC | 0.02753 (0.0790) | 0.0264 (0.0746) | 0.0293 (0.0745) | 0.0288 (0.0743) | 0.0308 (0.0747) | 0.0353 (0.0743) |
| TRADE | 0.2717*** (0.0654) | 0.2698*** (0.0812) | 0.2790*** (0.0913) | 0.2775*** (0.0849) | 0.2868*** (0.0837) | 0.3113*** (0.0936) |
| INLF | 0.8617*** (0.2854) | 0.8532*** (0.2850) | 0.8407*** (0.2877) | 0.8398*** (0.2041) | 0.7788*** (0.2903) | 0.9284*** (0.2884) |
| CPI | -0.0382** (0.0147) | -0.03828** (0.0148) | -0.0385** (0.0147) | -0.0385** (0.0148) | -0.0393*** (0.0147) | -0.0377** (0.0147) |
| BIT | 1.1770* (0.6538) | 1.0064* (0.5057) | 1.1079* (0.6521) | 1.1687* (0.6515) | 1.0003* (0.5884) | 1.5864** (0.7503) |
| INST | 0.4007* (0.2329) | 0.4156* (0.2210) | 0.3712* (0.1964) | 0.4925* (0.2525) | 0.4333* (0.2233) | 0.4708** (0.2365) |
| BIT * INST | -0.2998* (0.1693) | -0.2972* (0.1580) | -0.3650* (0.1881) | -0.2759* (0.1576) | -0.2292* (0.1340) | -0.2312* (0.1336) |
| LR 检验 | 142.14*** [0.0000] | 131.63*** [0.0000] | 147.56*** [0.0000] | 154.07*** [0.0000] | 149.75*** [0.0000] | 142.24*** [0.0000] |
| Hauman 检验 | 52.09*** [0.0000] | 48.36*** [0.0000] | 56.26*** [0.0000] | 53.45*** [0.0000] | 57.48*** [0.0000] | 55.51*** [0.0000] |
| F 检验 | 10.13*** [0.0000] | 10.11*** [0.0000] | 10.14*** [0.0000] | 10.19*** [0.0000] | 10.25*** [0.0000] | 10.47*** [0.0000] |
| No. | 82 | 82 | 82 | 82 | 82 | 82 |
| Obs | 899 | 899 | 899 | 899 | 899 | 899 |

注：*、**、***表示在10%、5%、1%的水平下显著；圆括号内的数字为稳健标准误，方括号内的数字为检验的 p 值。

在发达国家样本组中，变量 BIT 及 BIT * INST 的系数均为正值，但不显著；在发展中国家样本组中，变量 BIT 的系数显著为正，变量 BIT * INST 的系数显著为负。这说明双边投资协定对中国对发达国家的投资具有不显著的促进作用，且与发达国家的制度环境是不显著的补充关系；双边投资协定对中国对发展中国家的投资具有显著积极的影响，且与发展中国家的制度环境是显著的替代关系。双边投资协定对中国对外直接投资的影响具有显著的国别差异影响的可能解释是：第一，中国企业对发达国家投资遭遇的政治风险主要是准入壁垒，而中国与发达国家缔结的双边投资协定不包含准入条款。第二，双边投资协定的主要作用就是弥补或替代东道国制度环境的不足或缺失，而发达国家的制度环境比较完善，双边投资协定发挥的作用较小。第三，发展中国家的制度不完善，政策随意性大，而中国与发展中国家缔结的双边投资协定的国家责任机制约束了东道国的行为，降低了东道国违约的可能性，从而提升了东道国投资环境的稳定性和可预期性，进而促进了中国对发展中国家的投资。第四，中国与一些发展中国家缔结的双边投资协定的标准较低，不能完全替代发展中国家的投资促进制度。

在发达国家样本中，变量 INST 的系数为正，但不显著；在发展中国家样本中，变量 INST 的系数显著为正。这说明发达国家的制度环境对中国对外直接投资没有产生显著影响，而发展中国家的制度环境质量与中国对外直接投资有着显著的负相关关系。东道国的制度质量对中国对外直接投资的影响有着显著的国别差异的原因是：第一，发达国家的法律制度较为完善，政策也比较稳定，因而中国企业在对发达国家投资时对发达国家的制度环境关注度较低。第二，制度环境质量较高的发展中国家市场已被发达国家企业所占领，且与发达国家的企业相比，中国企业的竞争力较低，为了获取投资市场，中国企业就降低了对东道国制度环境的要求，从而到制度环境较差的东道国进行投资。所以发展中国家的制度环境质量与中国对东道国的投资规模是显著的负相关关系。

在发达国家样本中，变量 GDP、WAGE、TEC、TRADE 的系数显著为正，变量 NR、INFL 的系数为正但不显著，系数 CPI 的系数为负但不显著。这说明中国企业对发达国家的投资活动具有显著的市场寻求动机和战略资产寻求动机。在发展中国家样本中，变量 GDP、WAGE、NR、TRADE、INFL、CPI 的系数与整体样本的检验结果一致，变量 TEC 的系数为正但不显著。

中国企业对发达国家和发展中国家投资均具有显著的市场寻求动机，但具体原因存在着一定差异。发达国家收入水平较高、消费欲望高，且发达国家针对中国产品的贸易壁垒较多，因此对发达国家开展投资不仅可以拓展海外市场，而且还可以规避贸易壁垒。随着全球经济的发展，发展中国家居民收入快速增加，因此发展中国家的消费市场逐渐扩大，且随着中国经济、社会的发展，国内的生产成本逐渐增长，而许多发展中国家的生产成本较低，因此中国对发达国家投资不仅可以拓展海外市场，还可以利用国外的廉价劳动力及优惠政策。

变量 WAGE 在发展中国家样本与发达国家样本中的检验结果存在着显著的差异，其原因主要有以下几方面：一是发展中国家劳动力成本较低。随着中国经济的发展，国内劳动力成本快速增长，大量的劳动密集型企业逐渐丧失了成本优势，而广大发展中国家的劳动力成本远低于中国，因此中国企业对发展中国家投资具有显著的效率寻求动机。二是发达国家生产效率高。在一定条件下尽管工资较高，但是当生产效率达到一定程度后，企业利润也较高。发达国家尽管工资较高，但是居民文化水平高，生产效率较高，因此部分企业对发达国家投资是为了寻求较高的利润。

变量 NR 在发展中国家样本与发达国家样本中的检验结果存在着显著的差异，其可能的解释是：自然资源丰富的国家多是发展中国家，发达国家中多数自然资源不丰富，且有些发达国家自然资源即使丰富，但却对外国投资者设置了严格的投资条件，因此中国对发展中国家的投资具有显著的自然资源寻求动机，而对发达国家的投资不具有显著的自然资源寻求动机。

变量 TEC 在发展中国家样本与发达国家样本中的检验结果存在着显著的差异，其可能的解释是：目前企业战略资产及高新技术主要集中在发达国家，且大多数发展中国家的企业战略资产的拥有量、技术水平均低于中国，因此中国对发达国家的投资具有显著的战略资产寻求动机，而对发展中国家的投资不具有显著的战略资产寻求动机。

变量 INFL 在发展中国家样本与发达国家样本中的检验结果存在着显著的差异，其可能的解释是：发达国家的投资便利化、自由化水平普遍较高，因此中国企业对发达国家投资时对东道国的投资便利政策关注较少。而发展中国家的投资便利化、自由化水平较低，因此中国企业对发展中国家投资时倾向于对投资自由化、便利化程度较高的国家投资。

变量 CPI 在发展中国家样本与发达国家样本中的检验结果存在着显著的差异，其可能的解释是：发达国家的 CPI 普遍较低，因此中国企业对发达国家投资时对东道国的 CPI 关注较少。而发展中国家的 CPI 差异较大，因此中国企业对发展中国家投资时倾向于对 CPI 较低的东道国进行投资。

**二、关键条款对中国对外直接投资影响的分析**

上文把双边投资协定作为一个整体分析了双边投资协定对中国对外直接投资的影响。而实际上，双边投资协定的各主要关键条款各自在一定条件下对海外提供保护，发挥促进投资的作用，因而各关键条款之间对 FDI 流动的影响可能存在着一定的差异。所以仅从整体的角度分析双边投资协定对中国对外直接投资的影响是不全面的，还应分析各主要条款所产生的影响。一般情况下一个双边投资协定主要包括序言、定义条款、投资待遇条款、征收补偿条款、损害补偿条款、转移条款、代位条款、投资争端解决机制条款等内容①，而其中的定义、投资待遇、征收补偿、投资争端解决机制等是双边投资协定的关键条款②，因为这些条款总体上决定了东道国对外资的待遇标准和保护水平，同时也是南北矛盾在双边投资协定中的集中体现③。由于中国缔结的双边投资协定中定义条款的区别不大，因而本书选择投资待遇条款（公正公平待遇、国民待遇、最惠国待遇）、征

---

① Norah Gallagher and Wenhua Shan, *Chinese Investment Treaties: Policies and Practice*, Oxford University Press, 2009, p. 76.
② Bronckers M. and Quick B., *New Direction in International Economic Law*, Kluwer Law International 2000, pp. 392 – 393.
③ 梁咏：《双边投资条约与中国能源投资安全》，复旦大学出版社 2012 年版，第 58 页。

收补偿条款、投资者-国家争端解决机制条款作为双边投资协定中关键条款的代表来分析双边投资协定的关键条款对中国对外直接投资的影响。

(一) 整体样本检验结果

本部分采用整体样本的数据来检验双边投资协定中的公平公正待遇条款、国民待遇条款、最惠国待遇条款、征收条款和投资者-国家争端解决机制条款等关键条款对中国对外直接投资的影响。相关的数据处理和检验方法与采用整体样本检验双边投资协定对中国对外直接投资影响时相同。由于其他变量的检验结果的系数大小与表6-1中的结果相差不大，且显著性检验结果也没有发生明显的变化，同时本部分主要检验双边投资协定的关键条款对中国对外直接投资的影响，因而其他变量的检验结果本部分就不在此报告，只报告主要关键条款及关键条款与制度环境交叉项的检验结果，检验结果见表6-4。

表6-4 整体样本检验结果

| 变量 | (1) INST = VA | (2) INST = PS | (3) INST = GE | (4) INST = RQ | (5) INST = CC | (6) INST = RL |
|---|---|---|---|---|---|---|
| FET | 0.2406 (0.1527) | 0.2018 (0.1710) | 0.1877 (0.1605) | 0.1153 (0.1414) | 0.2598 (0.2883) | 0.2619 (0.2701) |
| FET * INST | -0.2989 (0.2519) | -0.2191 (0.2230) | -0.2924 (0.2510) | -0.2384 (0.2416) | -0.2373 (0.2321) | -0.2710 (0.3019) |
| NT | 0.2545 (0.2618) | 0.2828 (0.2564) | 0.2611 (0.2756) | 0.2689 (0.2019) | 0.2621 (0.2640) | 0.2743 (0.2809) |
| NT * INST | -0.3683 (0.7012) | -0.4043 (0.4412) | -0.3332 (0.5830) | -0.4617 (0.4901) | -0.2440 (0.3303) | -0.3538 (0.4038) |
| MFT | 0.3593 (0.3619) | 0.3590 (0.2289) | 0.4362 (0.3507) | 0.4704 (0.4501) | 0.4022 (0.3450) | 0.4568 (0.3710) |
| MFT * INST | -0.2983 (0.3019) | -0.3609 (0.2948) | -0.3070 (0.1849) | -0.4748 (0.3319) | -0.3864 (0.2519) | -0.3529 (0.2830) |
| Exprop | 0.0255 (0.0640) | 0.0252 (0.0541) | 0.0376 (0.0330) | 0.0591 (0.0433) | 0.0619 (0.0930) | 0.0536 (0.0318) |
| Exprop * INST | -0.1968 (0.1019) | -0.1495 (0.1808) | -0.1740 (0.1481) | -0.1693 (0.1613) | -0.1438 (0.1486) | 0.2049 (0.1509) |

续表

| 变量 | (1) INST = VA | (2) INST = PS | (3) INST = GE | (4) INST = RQ | (5) INST = CC | (6) INST = RL |
|---|---|---|---|---|---|---|
| ISDs | 0.6642* (0.3590) | 0.6913* (0.3638) | 0.6315* (0.3714) | 0.6202* (0.3298) | 0.6326* (0.3261) | 0.5639* (0.3068) |
| ISDs*INST | -0.6138** (0.3112) | -0.5430* (0.2873) | -0.4528 (0.2663) | -0.5795** (0.2746) | -0.4423* (0.2586) | -0.5018* (0.2655) |

注：*、**表示在10%、5%的水平下显著。

检验结果显示，变量FET（公平公正待遇条款）、NT（国民待遇条款）、MFT（最惠国待遇条款）、Exprop（征收补偿条款）的系数为正，但没有通过显著性检验，变量ISDs（投资者-国家争端解决机制条款）的系数显著为正。这说明双边投资协定的关键条款中除投资者-国家争端解决机制条款外均没有对中国对外直接投资产生显著影响。变量FET*INST、NT*INST、MFT*INST、Exprop*INST的系数为负但没有通过显著性检验，变量ISDs*INST的系数显著为负。这表明双边投资协定关键条款与东道国的制度环境是替代关系。另外从各变量系数的绝对值来看，变量Exprop、Exprop*INST的系数绝对值较小。其可能的解释主要有：第一，我国签订的一些双边投资协定中给予投资者的待遇和保护的标准较低，比如对公平公正待遇、国民待遇设置了严格的限制条件，不利于企业利用双边投资协定来维护企业的利益，因而企业投资时对东道国是否与中国签订了双边投资协定考虑较少。第二，还可能存在一个重要的原因，那就是双边投资协定关键条款对FDI流动的影响可能存在着显著的发达国家与发展中国家的国别差异而整体样本把发达国家样本和发展中国家样本放在一起进行检验，忽视了双边投资协定关键条款对中国对外直接投资影响的国别差异，掩盖了在一定范围内双边投资协定关键条款对中国对外直接投资的作用。第三，目前东道国直接对外国投资者的投资实施征收的较少，因此双边投资协定中的征收补偿条款对FDI流动的影响较小。第四，投资者-国家争端解决机制条款中规定投资者与东道国的争端可以通过国际仲裁来解决，这就避免了当地司法机构偏袒的可能，从而有利于维护投资者的利益,因而投资者-国家争端解决机制条款对中国对外直接投资产生了显著影响,且能够对东道国较差的制度环境起到替代作用。

(二) 分类样本检验

1. 发达国家样本检验

本部分采用发达国家样本检验中国与发达国家缔结的双边投资协定中的公正公平待遇条款、国民待遇条款、最惠国待遇条款、征收补偿条款、投资者-国家争端解决机制条款等关键条款对中国对发达国家直接投资的影响,检验结果见表6-5。

表6-5 发达国家样本检验结果

| 变量 | (1) INST = VA | (2) INST = PS | (3) INST = GE | (4) INST = RQ | (5) INST = CC | (6) INST = RL |
|---|---|---|---|---|---|---|
| FET | 0.2359 (0.2803) | 0.2061 (0.1639) | 0.2761 (0.2043) | 0.2178 (0.1632) | 0.2202 (0.1429) | 0.2059 (0.1819) |
| FET * INST | 0.1752 (0.1509) | 0.1873 (0.1920) | 0.1508 (0.1028) | 0.1869 (0.1298) | 0.1013 (0.0820) | 0.1052 (0.1529) |
| NT | 0.2941 (0.2007) | 0.2202 (0.2063) | 0.2711 (0.2005) | -0.2926 (0.2011) | -0.2522 (0.2434) | 0.2041 (0.2756) |
| NT * INST | 0.2416 (0.3700) | 0.4264 (0.5070) | 0.2285 (0.1840) | 0.2272 (0.4900) | 0.4344 (0.5005) | 0.2016 (0.3010) |
| MFT | 0.7778 (0.6519) | 0.5746 (0.5539) | -0.8781 (0.7829) | 0.6191 (0.8032) | 0.6197 (0.5538) | 0.7678 (0.8300) |
| MFT * INST | 0.3781 (0.3700) | 0.6115 (0.5156) | 0.7132 (0.7923) | 0.3126 (0.3256) | 0.4137 (0.8478) | 0.3381 (0.3745) |
| Exprop | 0.0780 (0.0689) | 0.0991 (0.1001) | 0.0460 (-0.0432) | 0.0646 (0.0592) | -0.0873 (0.0933) | 0.0760 (0.0657) |
| Exprop * INST | 0.1841 (0.1716) | 0.1057 (0.1771) | 0.1404 (0.1381) | 0.1898 (0.1445) | 0.1877 (0.1523) | 0.1441 (0.1669) |
| ISDs | 0.7989* (0.4204) | 0.9600* (0.4974) | 0.6088* (0.3044) | 0.6846** (0.3027) | 0.9216** (0.4082) | 0.7909* (0.4249) |
| ISDs * INST | 0.6210** (0.3100) | 0.7444** (0.3519) | 0.7329* (0.3962) | 0.7591* (0.3795) | 0.6367** (0.30) | 0.6010* (0.331) |

注:*、**表示在10%、5%的水平下显著。

# 第六章 双边投资协定对中国对外直接投资影响的实证检验

表6-5显示，变量FET（公平公正待遇条款）、NT（国民待遇条款）、MFT（最惠国待遇条款）、Exprop（征收补偿条款）的系数为正，但没有通过显著性检验，变量ISDs（投资者-国家争端解决机制条款）的系数显著为正。这说明双边投资协定的关键条款中除投资者-国家争端解决机制条款外其他条款均没有对中国对外直接投资产生显著影响。变量FET*INST、NT*INST、MFT*INST、Exprop*INST的系数为正但没有通过显著性检验，变量ISDs*INST的系数显著为正。这表明双边投资协定关键条款与东道国的制度环境是补充关系。另外从各变量系数的值来看，变量Exprop、Exprop*INST的系数值较小。其可能的解释主要有：第一，发达国家的投资环境相对优越，而中国与发达国家签订的双边投资协定多数标准相对较低，因而对中国对发达国家的投资影响较小。第二，投资者-国家争端解决机制条款中规定投资者与东道国的争端可以通过国际仲裁来解决，这就避免了当地司法机构偏袒的可能，从而有利于维护投资者的利益，因而投资者-国家争端解决机制条款对中国对发达国家的投资产生了显著影响，且能够对东道国一些制度环境起到补充作用。

2. 发展中国家样本检验

本部分采用发展中国家样本检验中国与发展中国家缔结的双边投资协定中的公正公平待遇条款、国民待遇条款、最惠国待遇条款、征收补偿条款、投资者-国家争端解决机制条款等关键条款对中国对发展中国家直接投资的影响，检验结果见表6-6。

表6-6 发展中国家样本检验结果

| 变量 | (1) INST = VA | (2) INST = PS | (3) INST = GE | (4) INST = RQ | (5) INST = CC | (6) INST = RL |
|---|---|---|---|---|---|---|
| FET | 0.2657*<br>(0.1476) | 0.2696*<br>(0.1585) | 0.3743*<br>(0.1990) | 0.1283*<br>(0.30) | 0.4492*<br>(0.0759) | 0.2057*<br>(0.1175) |
| FET*INST | -0.3892**<br>(0.1922) | -0.6828**<br>(0.3137) | -0.3960*<br>(0.2063) | -0.7727**<br>(0.4088) | -0.6093**<br>(0.3028) | -0.3862*<br>(0.2059) |

续表

| 变量 | (1) INST = VA | (2) INST = PS | (3) INST = GE | (4) INST = RQ | (5) INST = CC | (6) INST = RL |
|---|---|---|---|---|---|---|
| NT | 0.5725 * (0.3234) | 0.5315 * (0.2827) | 0.4825 ** (0.2410) | 0.3849 * (0.2182) | 0.6101 ** (0.2490) | 0.6725 ** (0.2690) |
| NT * INST | -0.3804 (0.2211) | -0.3043 (0.1790) | -0.3025 (0.1800) | -0.5128 (0.2093) | -0.3995 (0.2219) | -0.3004 (0.2137) |
| MFT | 0.6093 ** (0.3029) | 0.6103 ** (0.3129) | 0.5851 * (0.3441) | 0.5016 ** (0.2786) | 0.6092 ** (0.2476) | 0.6693 ** (0.2672) |
| MFT * INST | -0.4232 * (0.2351) | -0.4318 * (0.2540) | -0.4495 ** (0.2043) | -0.5230 ** (0.2273) | -0.6267 ** (0.2537) | -0.5232 ** (0.2274) |
| Exprop | 0.0403 (0.0450) | 0.0511 (0.0549) | 0.0607 (0.0672) | 0.0687 (0.0705) | 0.0722 (0.0736) | 0.0843 (0.0805) |
| Exprop * INST | -0.0816 (0.0938) | -0.0888 (0.1028) | -0.0907 (0.1083) | -0.0971 (0.0892) | -0.0967 (0.0962) | -0.0876 (0.0821) |
| ISDs | 0.7935 * (0.4408) | 0.8246 * (0.4458) | 0.8969 ** (0.4076) | 0.8469 ** (0.3682) | 0.7956 * (0.4420) | 0.8935 ** (0.3722) |
| ISDs * INST | -0.6416 * (0.3774) | -0.6214 * (0.3452) | -0.7954 * (0.4186) | -0.9566 ** (0.3804) | -0.6844 * (0.4025) | -0.7416 * (0.3987) |

注：*、**表示在10%、5%的水平下显著。

由表6-6可得，变量FET（公平公正待遇条款）、NT（国民待遇条款）、MFT（最惠国待遇条款）、变量ISDs（投资者-国家争端解决机制条款）的系数显著为正，变量Exprop（征收补充条款）的系数为正，但不显著。这说明除征收补偿条款外，中国与发展中国家签订的双边投资协定的关键条款均对中国对发展中国家的投资产生了显著影响。变量FET * INST、NT * INST、MFT * INST、ISDs * INST的系数显著为负，变量Exprop * INST的系数为负但不显著。这说明中国与发展中国家签订的双边投资协定中的关键条款除征收补偿条款外其他条款均能够对东道国的制度环境产生一定的替代作用。其可能的解释主要有：第一，大多数发展中国家的投资环境相对较差，不利于保护外国投资者的利益。而双边投资协定中公平公正条款、国民待遇条款、最惠国待遇条款、投资者-国家争端解决机制条款等关键条款一方面约束了东道国政府行为，降低了政府的违约行为，另一方面推动了东道国政府改善投资环境。因而这些关键条款对中国对发展中国家的投资产生了显著积极的影响。第二，目前国际社会对外国投资者的投资实施直接征收的较少，因而投资者对征收风险关注较少，所以征收补偿条款没有对中国对发展中国家的投资产生显著影响。

（三）稳健性检验

由于中国对东道国的投资流量与中国与东道国的贸易额及双边投资协定等变量可能存在双向因果关系，因而中国与东道国的贸易额及双边投资协定等变量可能是内生变量。混合最小二乘法、固定效应和随机效应等估计方法会产生计量偏误，而以动态 GMM 估计法为代表的工具变量法通过引入工具变量可以减小内生性的影响。动态 GMM 估计法成立的前提是扰动项不存在自相关。动态 GMM 又分为差分 GMM 和系统 GMM。与差分 GMM 相比，系统 GMM 的优点是可以提高估计效率，且可以估计不随时间变化的变量。另外，GMM 估计法又分为一步法和两步法。与一步法相比，两步法能够有效降低截面相关和异方差问题的影响，且两步估计比一步估计还具有更低的有偏性。鉴于此，本书选择系统 GMM 两步估计法进行实证检验。

1. 双边投资协定对中国对外直接投资影响的稳健性估计

整体样本的稳健性估计。AR 检验与 Sargan 检验结果显示，AR（1）通过了显著性检验，而 AR（2）和 Sargan 检验没有通过显著性检验。这说明扰动项的一阶差分存在自相关，而二阶不存在自相关，且所有的工具变量都是有效的，这符合采用系统 GMM 进行检验的条件。ODI（-1）的系数显著为正，这说明中国企业倾向于对中国对外直接投资积累较多的国家进行投资，也即中国对外直接投资具有显著的路径依赖效应。其他变量的检验结果与初始检验结果相比较，除变量系数大小及显著性检验程度更加突出外，变量系数的正负号及显著性均没有发生显著变化。这说明本研究的实证检验结果是稳健的。具体如表 6-7 至表 6-9 所示。

表6-7 整体样本的稳健性检验结果

| 变量 | (1) INST = VA | (2) INST = PS | (3) INST = GE | (4) INST = RQ | (5) INST = CC | (6) INST = RL |
|---|---|---|---|---|---|---|
| ODI (-1) | 0.06245** (0.0279) | 0.0617** (0.0310) | 0.0731** (0.0287) | 0.0766*** (0.0279) | 0.0653** (0.0291) | 0.0722** (0.0291) |
| GDP | 0.8993*** (0.1068) | 0.7441*** (0.2888) | 0.9232*** (0.3021) | 0.8721*** (0.2506) | 0.8998*** (0.3017) | 0.8188*** (0.2507) |
| WAGE | -2.1168* (1.2940) | -2.4315** (1.1904) | -1.9443* (1.1081) | -1.5068* (0.8863) | -2.3469** (1.1778) | -1.7057* (0.9220) |
| NR | 0.1818** (0.0913) | 0.1619** (0.0789) | 0.1573** (0.0790) | 0.1999** (0.0833) | 0.1951** (0.0830) | 0.1605** (0.0806) |
| TEC | 00446 (0.0402) | 0.0603 (0.0654) | 0.0497 (0.0519) | 0.0379 (0.0401) | 0.0524 (0.0518) | 0.0623 (0.0602) |
| TRADE | 1.6729*** (0.2590) | 1.6824*** (0.2542) | 1.6417*** (0.2525) | 1.6032*** (0.2652) | 1.6419*** (0.2556) | 1.6623*** (0.2517) |
| INLF | 0.0754* (0.0639) | 0.2746*** (0.0345) | 00582* (0.0300) | 0.0880** (0.0429) | 0.1342*** (0.0479) | 0.0620*** (0.0225) |
| CPI | -0.0522*** (0.0065) | -0.0496*** (0.0055) | -0.0507*** (0.0061) | -0.0508*** (0.0063) | -0.0507*** (0.0063) | -0.0508*** (0.0064) |
| BIT | 0.4417 (0.4101) | 0.4531 (0.5170) | 0.5416 (0.4908) | 0.3917 (0.4018) | 0.5827 (0.5207) | 0.5142 (0.4904) |
| INST | 0.5174 (0.4902) | 0.5957 (0.5519) | 0.5410 (0.4802) | 0.6132 (0.5801) | 0.6267 (0.6003) | 0.7061 (0.6519) |
| BIT * INST | -0.1011 (0.1390) | -0.1367 (0.1578) | -0.1803 (0.1601) | -0.1401 (0.1502) | -0.1239 (0.1057) | -0.1868 (0.1907) |
| Abond (1) 检验 | -5.4742*** [0.0000] | -5.5392*** [0.0000] | -5.4709*** [0.0000] | -5.4435*** [0.0000] | -5.4530*** [0.0000] | -5.4909*** [0.0000] |
| Abond (2) 检验 | 0.5034 [0.6133] | 0.4574 [0.6474] | 0.4274 [0.6690] | 0.5326 [0.5943] | 0.5182 [0.6043] | 0.4073 [0.6837] |
| Sargan 检验 | 30.7803 [0.4263] | 33.0722 [0.3194] | 31.9206 [0.3712] | 32.1353 [0.3613] | 32.4509 [0.3469] | 33.3854 [0.3061] |
| Wald 检验 | 431.27*** [0.0000] | 380.22*** [0.0000] | 509.18*** [0.0000] | 397.23*** [0.0000] | 432.12*** [0.0000] | 417.11*** [0.0000] |
| No. | 108 | 108 | 108 | 108 | 108 | 108 |
| Obs | 972 | 972 | 972 | 972 | 972 | 972 |

注：*、**、***表示在10%、5%、1%的水平下显著；圆括号内的数字为稳健标准误，方括号内的数字为检验的p值。

### 表6-8 发达国家稳健性估计结果

| 变量 | (1) INST=VA | (2) INST=PS | (3) INST=GE | (4) INST=RQ | (5) INST=CC | (6) INST=RL |
|---|---|---|---|---|---|---|
| ODI(-1) | 0.1960* (0.1088) | 0.1626* (0.0826) | 0.1333* (0.0775) | 0.1097* (0.0634) | 0.1173* (0.0670) | 0.1180* (0.0644) |
| GDP | 0.7681*** (0.2369) | 0.7782*** (0.2578) | 0.7411** (0.3619) | 0.6945** (0.3327) | 0.7544** (0.3729) | 0.7798** (0.2819) |
| WAGE | 0.2423** (0.1210) | 0.3072** (0.1520) | 0.3352 (0.1618) | 0.3278** (0.1589) | 0.3129** (0.1590) | 0.3165** (0.1489) |
| NR | 0.3793 (0.2919) | 0.3098 (0.3019) | 0.3892 (0.3319) | 0.3006 (0.3267) | 0.3852 (0.3018) | 0.3606 (0.3549) |
| TEC | 0.0454*** (0.0078) | 0.0602*** (0.0189) | 0.0513*** (0.0109) | 0.0359*** (0.1067) | 0.0849*** (0.0167) | 0.0486*** (0.0108) |
| TRADE | 1.1214*** (0.1129) | 1.2318*** (0.1390) | 1.9020*** (0.2089) | 1.4791*** (0.2317) | 1.3968*** (0.3309) | 1.5381*** (0.3505) |
| INLF | 0.7156 (0.6506) | 0.6974 (0.5073) | 0.6721 (0.5129) | 0.7194 (0.5520) | 0.6259 (0.5809) | 0.7757 (0.6120) |
| CPI | -0.0431 (0.0433) | -0.0235 (0.0509) | -0.0180 (0.0992) | -0.0315 (0.0893) | -0.0279 (0.0672) | -0.0314 (0.0439) |
| BIT | 0.6456 (0.5543) | 0.6569 (0.6029) | 0.6222 (0.5928) | 0.6853 (0.5629) | 0.5894 (0.5704) | 0.5976 (0.5332) |
| INST | 0.7546 (0.7019) | 0.7918 (0.7810) | 0.7400 (0.7519) | 0.7461 (0.6914) | 0.8903 (0.7513) | 0.8346 (0.7629) |
| BIT*INST | 0.9386 (0.8024) | 0.7383 (0.6729) | 0.7488 (0.7044) | 0.8761 (0.7930) | 0.7969 (0.6842) | 0.7297 (0.6739) |
| Abond(1)检验 | -2.5234** (0.0116) | -2.6118*** (0.0090) | -2.3419** (0.0192) | -2.6769*** (0.0074) | -2.6487*** (0.0081) | -2.5582** (0.0105) |
| Abond(2)检验 | 0.23894 (0.8112) | -0.3650 (0.7151) | -0.39083 (0.6959) | -0.16436 (0.8694) | -0.18023 (0.8570) | 0.53848 (0.5903) |
| Sargan检验 | 13.1772 (0.9967) | 14.49259 (0.9923) | 14.94167 (0.9901) | 13.37156 (0.9962) | 13.5629 (0.9957) | 13.04391 (0.9970) |
| Wald检验 | 546.16*** [0.0000] | 541.01*** [0.0000] | 510.44*** [0.0000] | 493.13*** [0.0000] | 544.28*** [0.0000] | 572.10*** [0.0000] |
| No. | 26 | 26 | 26 | 26 | 26 | 26 |
| Obs | 234 | 234 | 234 | 234 | 234 | 234 |

注：*、**、***表示在10%、5%、1%的水平下显著；圆括号内的数字为稳健标准误，方括号内的数字为检验的p值。

表6-9 发展中国家样本稳健性检验

| 变量 | (1) INST = VA | (2) INST = PS | (3) INST = GE | (4) INST = RQ | (5) INST = CC | (6) INST = RL |
|---|---|---|---|---|---|---|
| ODI(-1) | 0.0481*<br>(0.0253) | 0.0519*<br>(0.0305) | 0.0578*<br>(0.0303) | 0.0605*<br>(0.0322) | 0.0499*<br>(0.0259) | 0.0545*<br>(0.0298) |
| GDP | 2.1825***<br>(0.1815) | 1.8285***<br>(0.1232) | 1.6086***<br>(0.1728) | 1.7769***<br>(0.1001) | 1.5478***<br>(0.1867) | 1.3799***<br>(0.1276) |
| WAGE | -1.7648***<br>(0.1063) | -1.8348***<br>(0.1558) | -1.4550<br>(0.1329) | -1.5113***<br>(0.1507) | 1.9493***<br>(0.1876) | -1.6000***<br>(0.1519) |
| NR | 0.1983***<br>(0.0734) | 0.1646**<br>(0.0658) | 0.1526**<br>(0.0635) | 0.2113**<br>(0.0813) | 0.1939**<br>(0.0791) | 0.1546**<br>(0.0657) |
| TEC | 0.0486<br>(0.0656) | 0.0693<br>(0.0692) | 0.0696<br>(0.0635) | 0.0762<br>(0.0633) | 0.0809<br>(0.0621) | 0.0764<br>(0.0624) |
| TRADE | 1.2188***<br>(0.2811) | 1.2641***<br>(0.3027) | 1.2953***<br>(0.2745) | 1.1689***<br>(0.2750) | 1.2757***<br>(0.2728) | 1.3699***<br>(0.2891) |
| INLF | 0.3530***<br>(0.0301) | 0.3857***<br>(0.0362) | 0.2753***<br>(0.0672) | 0.2223***<br>(0.0401) | 0.4093***<br>(0.0506) | 0.2155***<br>(0.0581) |
| CPI | -0.0473***<br>(0.0038) | -0.0473***<br>(0.0035) | -0.0468***<br>(0.0038) | -0.0468***<br>(0.0039) | -0.0471***<br>(0.0037) | -0.0464***<br>(0.0039) |
| BIT | 0.3300**<br>(0.1375) | 0.2826**<br>(0.1131) | 0.3282**<br>(0.1306) | 0.3067**<br>(0.1148) | 0.2010**<br>(0.1004) | 0.4391**<br>(0.1632) |
| INST | 0.4296*<br>(0.2237) | 0.3776*<br>(0.1997) | 0.5449*<br>(0.2823) | 0.8596**<br>(0.3398) | 0.6066*<br>(0.3127) | 0.6377**<br>(0.2603) |
| BIT*INST | -0.5306**<br>(0.2519) | -0.5073**<br>(0.2021) | -0.5474**<br>(0.2732) | -0.5348**<br>(0.2539) | -0.3868*<br>(0.2035) | -0.4667**<br>(0.2267) |
| Abond(1)检验 | -4.9309***<br>[0.0000] | -5.0039***<br>[0.0000] | -5.0375***<br>[0.0000] | -5.0075***<br>[0.0000] | 5.0051***<br>[0.0000] | 4.9962***<br>[0.0000] |
| Abond(2)检验 | 0.76029<br>[0.4471] | 0.58761<br>[0.5569] | 0.6033<br>[0.5463] | 0.65775<br>[0.5107] | 0.63042<br>[0.5284] | 0.61703<br>[0.5372] |
| Sargan检验 | 28.0356<br>[0.5686] | 28.58137<br>[0.5397] | 27.57723<br>[0.5928] | 27.89938<br>[0.5758] | 28.47876<br>[0.5451] | 28.59346<br>[0.5390] |
| Wald检验 | 497.99***<br>[0.0000] | 656.98***<br>[0.0000] | 556.84***<br>[0.0000] | 439.59***<br>[0.0000] | 506.79***<br>[0.0000] | 514.31***<br>[0.0000] |
| No. | 82 | 82 | 82 | 82 | 82 | 82 |
| Obs | 737 | 737 | 737 | 737 | 737 | 737 |

注：*、**、***表示在10%、5%、1%的水平下显著；圆括号内的数字为稳健标准误，方括号内的数字为检验的 p 值。

## 2. 双边投资协定的关键条款对中国对外直接投资影响的稳健性估计

与初始检验结果相比，稳健性检验结果中除变量系数大小及显著性检验程度更加突出外，变量系数的正负号及显著性均没有发生显著变化。这说明本研究的实证检验结果是稳健的。具体如表 6-10 至表 6-12 所示。

表 6-10　整体样本的稳健性估计结果

| 变量 | (1)<br>INST = VA | (2)<br>INST = PS | (3)<br>INST = GE | (4)<br>INST = RQ | (5)<br>INST = CC | (6)<br>INST = RL |
| --- | --- | --- | --- | --- | --- | --- |
| FET | 0.1185<br>(0.3009) | 0.2734<br>(0.2700) | 0.2412<br>(0.2061) | 0.2184<br>(0.1780) | 0.2314<br>(0.3006) | 0.1936<br>(0.2018) |
| FET * INST | -0.3295<br>(0.3160) | -0.3409<br>(0.3183) | -0.2455<br>(0.2825) | -0.3807<br>(0.3520) | -0.2201<br>(0.2391) | -0.1762<br>(0.1009) |
| NT | 0.2036<br>(0.2353) | 0.2739<br>(0.2418) | 0.2443<br>(0.2520) | 0.2639<br>(0.2464) | 0.2837<br>(0.2409) | 0.1902<br>(0.1067) |
| NT * INST | -0.2933<br>(0.2080) | -0.1333<br>(0.1513) | -0.2312<br>(0.1713) | -0.1633<br>(0.1624) | -0.1827<br>(0.1301) | -0.1507<br>(0.1086) |
| MFT | 0.1583<br>(0.1331) | 0.1021<br>(0.1817) | 0.1645<br>(0.1774) | 0.1612<br>0.1758) | 0.1305<br>(0.1630) | 0.1329<br>(0.1078) |
| MFT * INST | -0.2074<br>(-0.75) | -0.1608<br>(-0.20) | -0.1278<br>(-0.90) | -0.1785<br>(-0.59) | -0.1117<br>(-0.70) | 0.0972<br>(0.0708) |
| Exprop | 0.0129<br>(0.0104) | 0.0208<br>(0.0550) | 0.0599<br>(0.0427) | 0.0614<br>(0.0606) | 0.0411<br>(0.0362) | 0.0604<br>(0.0538) |
| Exprop * INST | -0.1547<br>(0.1101) | -0.3070<br>(0.6068) | -0.2524<br>(0.2106) | -0.4404<br>(0.8692) | -0.1403<br>(0.4802) | -0.0986<br>(0.1007) |
| ISDs | 0.5868 **<br>(0.2445) | 0.6172 **<br>(0.2571) | 0.5504 **<br>(0.2210) | 0.6755 **<br>(0.2511) | 0.4758 **<br>(0.2298) | 0.4478 **<br>(0.1873) |
| ISDs * INST | -0.3991 ***<br>(0.1003) | -0.3170 ***<br>(0.1190) | -0.3928 ***<br>(0.1368) | -0.3475 **<br>(0.1139) | -0.4162 ***<br>(0.10062) | -0.2097 ***<br>(0.0682) |
| FET * INST | 0.1075<br>(0.1502) | 0.1012<br>(0.1509) | 0.1067<br>(0.1051) | 0.0998<br>(0.0851) | 0.0464<br>(0.0546) | 0.1005<br>(0.1052) |
| NT | 0.1078<br>(0.1079) | -0.1058<br>(0.1038) | 0.0768<br>(0.0708) | 0.0920<br>(0.0901) | 0.0926<br>(0.0840) | 0.1047<br>(0.0790) |

注：*、**、*** 表示在 10%、5%、1% 的水平下显著。

表6-11 发达国家样本的稳健性估计结果

| 变量 | (1) INST = VA | (2) INST = PS | (3) INST = GE | (4) INST = RQ | (5) INST = CC | (6) INST = RL |
|---|---|---|---|---|---|---|
| FET | 0.1032 (0.1107) | 0.1640 (0.1706) | 0.2394 (0.1850) | 0.1779 (0.1703) | 0.1695 (-0.1377) | 0.1002 (0.1100) |
| FET * INST | 0.1075 (0.1502) | 0.1012 (0.1509) | 0.1067 (0.1051) | 0.0998 (0.0851) | 0.0464 (0.0546) | 0.1005 (0.1052) |
| NT | 0.1078 (0.1079) | -0.1058 (0.1038) | 0.0768 (0.0708) | 0.0920 (0.0901) | 0.0926 (0.0840) | 0.1047 (0.0790) |
| NT * INST | 0.0776 (0.0670) | 0.0851 (0.0743) | 0.0755 (0.0708) | 0.0867 (0.0862) | 0.0897 (0.0841) | 0.0706 (0.0660) |
| MFT | 0.0137 (0.0140) | 0.0773 (0.0542) | 0.0215 (0.0206) | 0.0901 (0.0740) | 0.0553 (0.0420) | 0.0157 (0.0145) |
| MFT * INST | 0.0747 (0.0801) | 0.0901 (0.0921) | 0.0810 (0.0830) | 0.0906 (0.0911) | 0.0235 (0.0208) | 0.0707 (0.0841) |
| Exprop | 0.0035 (0.0041) | 0.0049 (0.0041) | 0.0039 (0.0043) | 0.0045 (0.0032) | 0.0091 (0.0087) | 0.0065 (0.0051) |
| Exprop * INST | 0.0092 (0.0084) | 0.0086 (0.0087) | 0.0062 (0.0073) | 0.0089 (0.0066) | 0.0099 (0.0086) | 0.0072 (0.0074) |
| ISDs | 0.4279*** (0.1277) | 0.5750*** (0.1094) | 0.3637*** (0.1043) | 0.3911*** (0.1040) | 0.3446*** (0.1033) | 0.4109*** (0.1207) |
| ISDs * INST | 0.1812*** (0.0612) | 0.4003*** (0.0889) | 0.1279*** (0.0450) | 0.4889*** (0.0790) | 0.5380*** (0.0380) | 0.2812*** (0.0812) |

注：*、**、*** 表示在10%、5%、1%的水平下显著。

表6-12 发展中国家样本的稳健性估计结果

| 变量 | (1) INST = VA | (2) INST = PS | (3) INST = GE | (4) INST = RQ | (5) INST = CC | (6) INST = RL |
|---|---|---|---|---|---|---|
| FET | 0.1059*** (0.0177) | 0.1713*** (0.0273) | 0.1220*** (0.0190) | 0.1400*** (0.0156) | 0.1301*** (0.0137) | 0.1009*** (0.0107) |
| FET * INST | -0.1546*** (0.0377) | -0.1900*** (0.0107) | -0.1667*** (0.0193) | -0.1194*** (0.0097) | -0.1397*** (0.0163) | -0.2006*** (0.0277) |
| NT | 0.0204* (0.0120) | 0.0666** (0.0333) | 0.0991*** (0.0330) | 0.0125*** (0.0015) | 0.0352*** (0.0064) | 0.0404** (0.0202) |

续表

| 变量 | (1)<br>INST = VA | (2)<br>INST = PS | (3)<br>INST = GE | (4)<br>INST = RQ | (5)<br>INST = CC | (6)<br>INST = RL |
|---|---|---|---|---|---|---|
| NT * INST | -0.0976***<br>(0.0304) | -0.0824***<br>(0.0275) | -0.0489***<br>(0.0108) | -0.0664***<br>(0.0204) | -0.0752**<br>(0.0328) | -0.0776**<br>(0.0354) |
| MFT | 0.1016*<br>(0.0564) | 0.1769*<br>(0.0911) | 0.1892**<br>(0.0860) | 0.1267*<br>(0.0745) | 0.1201*<br>(0.0714) | 0.0816*<br>(0.048) |
| MFT * INST | -0.0245*<br>(0.0144) | -0.0843*<br>(0.0446) | -0.0814*<br>(0.0423) | -0.0978**<br>(0.0489) | -0.0560**<br>(0.0254) | -0.0245*<br>(0.0136) |
| Exprop | 0.0076<br>(0.0064) | 00040<br>(0.0036) | 0.0039<br>(0.0030) | 0.0040<br>(0.0056) | 0.0055<br>(0.0037) | 0.0046<br>(0.0044) |
| Exprop * INST | -0.0028<br>(0.0077) | -0.0073<br>(0.0069) | -0.0070<br>(0.0062) | -0.0029<br>(0.0092) | -0.0056<br>(0.0070) | -0.0038<br>(0.0077) |
| ISDs | 0.2640**<br>(0.1200) | 0.4245***<br>(0.1572) | 0.5241**<br>(0.1807) | 0.3019**<br>(0.1500) | 0.5317***<br>(0.1715) | 0.2651**<br>(0.1300) |
| ISDs * INST | -0.3706***<br>(0.1078) | -0.5535**<br>(0.2255) | -0.1604*<br>(0.0891) | -0.6294**<br>(0.2568) | -0.2624***<br>(0.1021) | -0.3706**<br>(0.1802) |

注：*、**、***表示在10%、5%、1%的水平下显著。

### 三、实证检验总结

从整体上看，双边投资协定没有对中国对外直接投资产生显著影响，双边投资协定的主要关键条款中的投资者-国家争端解决机制条款对中国对外直接投资有着显著积极的影响，其他关键条款均没有产生显著影响；双边投资协定及其主要关键条款与东道国的制度环境是替代关系；东道国的制度环境因素、东道国的技术禀赋因素对中国对外直接投资没有产生显著影响；东道国的市场规模、东道国自然资源禀赋、东道国与中国的经贸关系、东道国的外资政策均对中国的对外直接投资有着显著积极的影响；东道国的劳动力成本、宏观经济风险对中国的对外直接投资有着显著的消极影响。

双边投资协定及主要关键条款对中国对外直接投资的影响还存在着显著的国

别差异。双边投资协定对中国对发达国家的投资没有产生显著影响,而对中国对发展中国家的投资产生了显著积极的影响。双边投资协定的主要关键条款中的投资者-国家争端解决机制条款对中国对发达国家的直接投资产生显著积极的影响,而其他主要关键条款均没有对中国对发达国家的投资产生显著影响。双边投资协定中的主要关键条款除征收补偿条款外均对中国对发展中国家的直接投资产生了显著积极的影响。双边投资协定及其主要关键条款与发展中国家的制度环境是替代关系,而与发达国家的制度环境是补充关系。

东道国的制度环境对中国对发达国家的投资没有产生显著影响,而发展中国家的制度环境对中国对发展中国家的投资产生了显著积极的影响,即东道国的投资环境质量与中国对发展中国家的投资规模成正比关系。

东道国的市场规模、技术禀赋、劳动力成本对中国对发达国家的投资有着显著的积极影响,而东道国的自然资源禀赋、外资政策、宏观经济风险等因素均没有对中国对发达国家的投资产生显著影响。东道国的市场规模因素、自然资源因素、外资政策因素等因素均对中国对发展中国家的投资产生了显著积极的影响。东道国的劳动力成本因素、宏观经济风险因素均对中国对发展中国家的投资产生了显著消极的影响,即劳动力成本越高、宏观经济风险越高,中国对东道国的投资规模越低。

# 第七章 结论与对策建议

理论上认为双边投资协定通过为投资者提供稳定、透明和可预期的投资环境来促进对外直接投资的发展。然而实证结果表明,中国与其他国家缔结的双边投资协定并没有完全促进中国对外直接投资的发展,甚至还阻碍了中国对外直接投资的发展。为此,本章将基于前文的研究,在分析中国与外国缔结的双边投资协定存在的问题的基础上,探讨中国双边投资协定未来的发展思路,并提出有效发挥双边投资协定促进中国对外直接投资作用的对策建议。

## 第一节 理论与实证分析结论

本书首先采用理论分析方法分析了双边投资协定促进 FDI 流动的传导机制,然后采用实证分析的方法分析了双边投资协定对中国对外直接投资的影响,得到以下结论:

### 一、理论分析结论

双边投资协定影响 FDI 流动的传导机制是双边投资协定通过影响东道国政府的行为和外国投资者的行为进而影响 FDI 的流动。首先双边投资协定约束了东道国政府的行为,降低了东道国政府违背承诺的概率,东道国的投资环境从而得到有效的改善。东道国投资环境的改善降低了外国投资者在东道国投资的成本、提高了投资效率,最终投资者决定在东道国投资或增加在东道国的投资。

同时双边投资协定所包含的内容条款的不同造成其对投资者的保护程度不同。高标准的双边投资协定对东道国的约束力较大,给予投资者的待遇标准较高,因而对投资者的保护较高,且投资者在东道国面临的投资环境更稳定、更透明,那么投资者的投资也可能就多。所以高标准双边投资协定促进FDI流动的作用就更大。

## 二、实证分析结论

从整体上看,双边投资协定没有对中国对外直接投资产生显著影响,而双边投资协定的主要关键条款中投资者-国家争端解决机制条款对中国对外直接投资有着显著积极的影响,其他关键条款均没有产生显著影响。

双边投资协定及主要关键条款对中国对外直接投资的影响还存在着显著的国别差异。双边投资协定对中国对发达国家的投资没有产生显著影响,而对中国对发展中国家的投资产生了显著积极的影响。双边投资协定的主要关键条款中的投资者-国家争端解决机制条款对中国对发达国家的直接投资产生显著积极的影响,而其他主要关键条款均没有对中国对发达国家的投资产生显著影响。双边投资协定中的主要关键条款除征收补偿条款外其他条款均对中国对发展中国家的直接投资产生了显著积极的影响。

双边投资协定对中国对外直接投资的间接影响。双边投资协定及其主要关键条款与发展中国家的投资环境是替代关系。双边投资协定及其主要关键条款与发达国家的制度环境是补充关系。

双边投资协定及其主要关键条款(除投资者-国家投资争端解决机制)对中国对发达国家的投资没有产生显著影响的可能原因是中国与发达国家签订的双边投资协定的标准较低,主要涉及边界外的内容,而目前中国企业对发达国家投资遇到的障碍及风险主要发生在边界内,因而双边投资协定及其主要关键条款

（除投资者－国家投资争端解决机制）没有对中国对发达国家的投资产生显著积极的影响。

双边投资协定及其主要关键条款（除投资者－国家投资争端解决机制）对中国对发达国家外的直接投资的间接作用不显著的可能原因是中国缔结的一些双边投资协定的标准较低、可操作性低，不能为境外投资企业提供保护。这说明缔结高标准的双边投资协定对中国对外直接投资的发展有着积极的意义。

## 第二节 未来中国双边投资协定的发展思路

在过去的30多年中，中国的双边投资协定先后经历了注重维护东道国利益的保守模式、注重保护外国投资者的强保护模式、兼顾东道国和外国投资者权利与义务的平衡模式，这就造成中国缔结的双边投资协定中一些条款内容规定不统一，甚至相互矛盾。这不仅不利于保护海外投资，而且不利于加强对外资的监管，同时还容易产生投资争端。因此需要在未来的双边投资协定实践过程中对这些问题给予修正，同时根据国际投资协定的发展引入新的条款内容。本部分首先分析了中国在双边投资协定实践过程中存在的一些问题，然后以平衡东道国和外国投资者的权利与义务为基础对未来中国双边投资协定的发展提出对策建议。

### 一、中国双边投资协定存在的问题

尽管中国缔结的双边投资协定的数量仅次于德国位居世界第二位，但由于受中国缔结的双边投资协定经验不足、中国对双边投资协定的诉求发生重大变化等因素的影响，中国缔结的双边投资协定存在着文本内容措辞不统一、投资待遇标准多样等问题。本部分将从序言、投资定义、投资待遇、投资保护及投资争端解决机制等方面分析中国以往在双边投资协定的实践过程中存在的问题。

（一）序言部分内容不完整

序言是双边投资协定的重要组成部分，其主要阐明双边投资协定的目的和动机。序言的作用主要反映在仲裁实践中。一般情况下，序言的作用较小，但是在有些时候序言能够直接决定投资争端仲裁的结果。当协定内容没有规定某些内容或做出了规定但比较模糊时，仲裁庭将依据序言规定对相关条款内容作出宽泛的解释，也就是说序言对条款规定内容起"兜底"的作用。目前中国所缔结的双边投资协定的序言部分主要存在两个问题：一是有相当一部分双边投资协定的序言部分存在缺少对投资者义务的规定的问题，比如1986年中国－英国双边投资协定的序言规定"愿为缔约一方的国民和公司在缔约另一方领土内投资创造有利条件；认识到根据国际协定鼓励和相互保护此种投资将有助于激励国民和公司经营的积极性和增进两国的繁荣"①。这种表述方式缺少投资者义务的内容，虽然对中国的境外投资企业有利，但也给中国政府对外资的监管增添了不确定性。二是对投资者利益保护的规定较模糊，比如2012年中国－加拿大双边投资协定的序言规定"进一步认识到需要依据可持续发展的原则促进投资；希望在平等互利基础上加强两国经济合作"②。这种表述方式没有明确规定缔约国保护和促进投资的义务，虽然有利于中国政府对外资企业的监管，但不利于中国境外投资企业维护自身的合法权益。

（二）定义表述范式不规范

投资及投资者的定义是双边投资协定重要的条款，其重要作用就是确定其适用的对象，即确定了投资条约的保护范围③。随着中国对外直接投资的发展，中国在借鉴美国双边投资协定的范本的基础上对投资的定义进行了修订，使其更符合中国境外投资发展的需要，但仍存在一些不利于保护境外投资和导致投资争端的问题。一是定义方式不统一。目前定义的形式已经逐渐摒弃以资产为基础的定义方式和以企业为基础的定义方式，而是采用二者融合的定义方式，并增添新的

---

① 参见1986年中国－英国双边投资协定的序言。
② 参见2012年中国－加拿大双边投资协定的序言。
③ 余劲松：《国际投资法》，法律出版社2007年版，第219页。

投资形式。而目前中国双边投资协定的定义方式并没有采用二者相融合的定义方式，比如2013年中国-坦桑尼亚双边投资协定仍采用以资产为基础的开放式定义方式、2012年中国-加拿大双边投资协定采用以企业为基础的封闭式定义方式。同时采用两种定义方式，不仅不利于有关部门对双边投资协定的管理，而且还增加了企业利用双边投资协定的困难。二是存在模糊且容易引发争议的规定。中国2010BIT范本、2011年中国-乌兹别克斯坦及2013年中国-坦桑尼亚双边投资协定中均规定"作为投资的财产发生任何符合投资所在的缔约方的法律法规的形式上的变化，不影响其作为投资的性质"①，但是均没有对"缔约方的法律法规"进行解释说明或界定，这种模糊的表述范式可能导致投资争端，不利于投资者投资。三是缺乏对中国香港和中国澳门是否适用中国缔结的双边投资协定的明确说明。关于投资者的定义主要存在的问题是没有明确说明中国缔结的双边投资协定是否适用于中国香港、中国澳门的投资者（仅2006年中国-俄罗斯双边投资协定明确说明该协定不适用于中国香港的投资及投资者）。因为按照双边投资协定中对"领土的"的定义，中国双边投资协定的适用范围包含中国香港和中国澳门，而根据基本法的规定，中国香港和中国澳门拥有对外缔结部分经济条约的权利，这也就暗含了中国与其他国家缔结的双边投资协定的适用范围不包含中国香港和中国澳门。对于中国香港和中国澳门的特殊情况，需要在双边投资协定中给予明确说明，但中国所缔结的双边投资协定均没有明确说明，而是采用模糊的表述方式。这种模糊的规定方式可能导致中国香港、中国澳门的投资者与其他国家发生争端，或其他国家在中国香港、中国澳门的投资受到不公正待遇时与中国香港政府发生争端。谢亚琛仲裁案就是由对中国香港是否适用于中国-秘鲁双边投资协定的争议而引发的。

（三）国民待遇标准不统一

国民待遇主要是指在"相同"或"相似"的条件下一国给予外国投资及投

---

① 参见中国2010BIT范本；2013年中国-坦桑尼亚双边投资协定。

资者的待遇等同于或不低于给予本国投资及投资者的待遇,① 也就是说国民待遇的比较标准是本国的投资及投资者享受的待遇。由于国民待遇有了具体明确的标准,因此其成为国际投资中关于外国投资待遇的重要的制度。在早期的双边投资协定中规定的国民待遇主要是准入后国民待遇,随着美式双边投资协定的问世,出现了准入前(设业阶段)国民待遇。与准入后国民待遇相比,准入前国民待遇对外资的吸引力更强。准入前国民待遇一方面放宽了对外资进入的审批,降低了外资进入的门槛;另一方面,负面清单把例外领域以清单的形式列出,增加了东道国投资环境的透明度,提升了投资者对东道国投资决策的稳定性和预见性。因此,准入前国民待遇对外资投资者的吸引力更大。

尽管国民待遇对引进外资和对外直接投资发展有着重要影响,但中国缔结的双边投资协定还存在一些问题。一是缔约国掌控着是否给予投资者国民待遇的权力。截至 2013 年底中国已经与外国缔结 130 个双边投资协定,仅有 42 个纳入了国民待遇条款,其中有 36 个设置了"在不损害缔约一方可适用的法律法规"或"依照东道国缔约一方的法律和法规"的限制条件,这就赋予了缔约国决定是否给予中国境外投资者国民待遇的权力。这对境外投资企业来说,就意味着可能存在遭受歧视性待遇的风险,使中国境外投资企业输在了起跑线上,不利于中国境外投资的发展。二是限制了东道国给予外国投资者国民待遇的自由裁量权。比如,中国与德国、荷兰、芬兰、西班牙、葡萄牙、突尼斯等国缔结的双边投资协定中对国民待遇一般规定"一方应给予另一方投资者在其境内的投资及与投资有关活动不低于其给予本国投资者的投资及与投资有关活动的待遇"② 或"对已作出投资的运营、管理、维持、使用、享有、扩张、出售或处分方面,缔约一方给予缔约另一方投资者的投资的待遇应不低于其给予本国投资者的投资的待遇"③。这两种表述方式由于没有对国民待遇设置限制条件或例外条款,这将可能造成在

---

① 余劲松:《国际投资法》,法律出版社 2007 年版,第 230 页。
② 参见 2005 年中国 – 葡萄牙双边投资协定第 2 条第 2 款。
③ 参见 2004 年中国 – 芬兰双边投资协定第 3 条第 2 款。

特殊情况下是否给予外国投资者国民待遇时的自由裁量权受到限制①。

（四）最惠国待遇标准不统一

最惠国待遇主要是指缔约国给予另一缔约方的投资及投资者的待遇不应低于或等同于其给予其他第三方投资及投资者的待遇，即最惠国待遇是相对于给予第三方的投资及投资的待遇来说的。所以说最惠国待遇也有了明确具体的待遇标准。同时一国给予其他国家投资及投资者的待遇可以通过最惠国待遇传导给第三国的投资及投资者，也就是说最惠国待遇具有多边传导效应。由于最惠国待遇不仅具有明确的标准，而且还具有多边传导效应，因而最惠国待遇被资本输出国及其投资者格外关注。

中国在双边投资协定的实践中非常重视最惠国待遇，在所有的双边投资协定中均纳入了最惠国待遇条款，且随着中国对外直接投资的发展及国内市场经济制度的完善，中国逐渐把国民待遇的适用范围由准入后阶段扩展到准入前阶段。但是中国在双边投资协定实践过程中存在一些问题：第一，没有厘清最惠国待遇与其他待遇之间的关系。中国虽然理论上没有规定最惠国待遇的范围，但一般把最惠国待遇作为一项独立的投资待遇条款纳入投资条约中。中国与其他国家缔结的双边投资协定中存在把公正公平待遇作为最惠国待遇的基础条款，比如 1997 年中国-津巴布韦双边投资协定的第 3 条的第 1、2 款规定"一、缔约任何一方的投资者在缔约另一方领土内的投资和与投资有关的活动应受到公平和公正的待遇和保护。二、本条第一款提及的待遇和保护不应低于其给予任何其他国家投资者的投资及与投资有关的活动的待遇"②。这种表述方式就是说最惠国待遇仅指公正公平待遇。而实际上最惠国待遇与公平公正待遇包含的内容有一定的差异，那么这样就降低了最惠国待遇的标准。第二，在一些双边投资协定中缺少对最惠国待遇适用范围的限制。在"马菲基尼诉西班牙仲裁案"中国际仲裁庭把最惠国待遇延伸至程序条款中，随后引发了一些关于是否把最惠国待遇延伸至程序条款

---

① 刘京莲：《阿根廷国际投资仲裁危机的法理与实践研究——兼论对中国的启示》，厦门大学出版社 2011 年版，第 217 页。

② 1997 年中国-津巴布韦双边投资协定第 3 条。

中的投资仲裁案。中国 2008 年以前缔结的双边投资协定缺少对最惠国待遇是否延伸至程序条款的限制，使中国面临国际仲裁的风险增加。为了避免最惠国待遇的适用范围过于宽泛而引发投资争端，中国在 2008 年中国－新西兰自由贸易协定的投资章节及以后缔结的双边投资协定中均规定了最惠国待遇不适用于程序条款的规定，这虽然在一定程度上避免了最惠国待遇条款的滥用，但并没有完全消除最惠国待遇缺少限制带来的隐患。

（五）公正公平待遇界限模糊

公正公平待遇是一种重要的待遇标准，对保护海外投资有着重要的作用，有助于保护投资者（投资）免受诸如执法不公、专制和舞弊等的影响。中国与外国缔结的双边投资协定中除与捷克、意大利、日本等少数国家缔结的协定外其余协定均包含公平公正待遇，虽然对公平公正待遇所采用的措辞不统一，比如"公平合理""公平与平等""公正公平"等，但很难通过措辞的不同来区别其中的待遇标准的差异。中国的双边投资协定中关于公正公平待遇的条款还存在着一些问题。第一是没有厘清与其他待遇条款的关系①。有的协定把公正公平待遇纳入最惠国待遇和国民待遇条款之下，作为其中的一项条款，比如 2002 年中国－科特迪瓦双边投资协定中公平公正待遇是作为国民待遇与最惠国待遇内容的第 1 款②。有的协定把公正公平待遇纳入准入与促进条款作为准入与促进条款的一项内容，比如 1996 年中国－毛里求斯双边投资协定的第 3 条第 2 款③规定"依第二条批准的投资应根据本协定得到公平与公正的待遇和保护"。虽然对公正公平待遇并没有统一的待遇标准，但是学界通常认为公平公正待遇、最惠国待遇、国民待遇是东道国给予外资待遇的三种主要待遇标准，且公平公正待遇不同于国民待遇和最惠国待遇所体现出来的相对待遇标准④，其可以弥补其他待遇标准遗留的

---

① 陈辉萍、黄玉梅：《国际投资协定中公正与公平待遇标准的新发展》，《国际经济法学刊》2006 年第 13 卷第 3 期，第 1~29 页。
② 参见 2002 年中国－科特迪瓦双边投资协定第 3 条。
③ 1996 年中国－毛里求斯双边投资协定的第 3 条第 2 款。
④ 陈安：《国际投资法的新发展与中国双边投资条约的新实践》，复旦大学出版社 2007 年版，第 56 页。

空白。如果与准入促进及最惠国待遇和国民待遇混合在一起，就混乱了公平公正待遇与其他待遇标准的关系。这样不仅降低了投资者的待遇标准，而且容易引发投资争议。对待包含该问题的双边投资协定，中国应尽早与相关缔约国商谈修订。第二是采用模糊笼统的措辞，缺乏明确的标准。早期的双边投资协定对公正公平待遇均采用模糊笼统的措辞。后来在国际仲裁庭对有关公正公平待遇的投资争端采取宽泛且有利于投资者的解释的影响下，发达国家在缔结新的双边投资协定时会对公平公正待遇的标准给予界定且明确其与其他待遇条款的关系。中国只在少数双边投资协定中界定了公平公正待遇的标准，而大多数均采用模糊笼统的措辞，且没有设置公平公正待遇的例外。这种表述方式虽然对中国的境外投资者有利，但是将增加中国被外国投资者诉诸国际仲裁庭的风险。同时中国由于缺乏参与国际仲裁的经验、法律资源、双边投资协定的解释制度，在应对国际仲裁时将面临更大的难度。因此，中国应尽早与相关的缔结国商谈修订双边投资协定中的公平公正待遇条款。

（六）投资保护标准较低

1. 征收及国有化标准较低

征收风险是海外投资遭遇的政治风险中对投资者影响最大、最具争议的一种风险。而国有化及征收的合法性及相应的补偿标准不仅涉及投资者的利益，而且还涉及东道国的经济主权，征收及补偿是双边投资协定中最受关注的问题之一。双边投资协定中的征收条款一般包括征收的条件和补偿标准两方面的内容。一旦东道国征收及国有化外国投资者的财产，外国投资者可以利用该条款来维护自身的利益。尽管征收条款规定了征收的条件及补偿标准，但并没有完全剥夺东道国征用外国投资者财产的权利，而只是反对对非法、无偿、专制的征收。因此完善的征收及国有化条款有助于形成稳定可预测的法律框架，促进东道国吸引外资和加强对外资的管理。

中国缔结的双边投资协定中均包含征收条款，但是由于中国在20世纪缔结的双边投资协定主要是为了引进外资或巩固友好关系，从而造成一些双边投资协定存在不利于保护投资者和对外资企业进行监管等问题。

第一,有些双边投资协定的征收及国有化的条件不完善。虽然双边投资协定的征收条款是为了保护外国投资不被征收及国有化,但是并没有完全排除东道国征收及国有化外国投资的权利。一般认为东道国征收及国有化外国投资需要符合四个条件:①为了公共利益;②依照国内法律程序;③非歧视性的;④给予补偿①。中国在缔结双边投资协定时均规定了征收及国有化的条件,但是有些仅规定了其中的若干项条件。比如:中国与新加坡、斯里兰卡和新西兰等国缔结的双边投资协定没有包含"为了公共利益"的条件;中国与丹麦缔结的双边投资协定没有包含"依照国内法律程序"的条件;中国与意大利缔结的双边投资协定没有包含"非歧视"的条件。征收及国有化的条件不完备,有利于东道国实施对企业的征收及国有化,而不利于保护海外投资。

第二,有些双边投资协定规定的补偿标准较低。中国一直坚持征收及国有化应给予"合理"或"适当"标准补偿,而不是美国所主张的"充分、及时和有效"的补偿标准。2010年以后中国缔结的双边投资协定对于征收的规定进一步给予规范,对于征收的条件已与美国2012BIT范本的要求的条件基本一致,在补偿条件方面虽然没有强调采用"充分、及时和有效"的标准,但是对于补偿额的计算采用"补偿额应等于采取征收前或征收为公众所知时(以较早者为准)被征收投资的公平市场价值,并应包括补偿支付前按合理商业利率计算的利息"②的计算方法,这与美国要求的"充分"标准已经很接近了。但是在延迟问题上,中国仍然采用"补偿的支付不应不合理地迟延,并应可以有效实现和自由转移"这样简单模糊的处理方式。征收及国有化的补偿标准低虽然有助于维护国家主权和加强对外资的管理,但是不利于为中国对外直接投资提供保护。

第三,缺少对间接征收的界定。随着全球经济自由化的发展,直接征收已经基本消失,但是间接征收尤其是"蚕食"性的征收还时有发生。而传统的双边投资协定征收条款只规定了直接征收,并没有详细界定间接征收。直到2006年

---

① 2002年中国-科特迪瓦双边投资协定第4条。
② 2013年中国-坦桑尼亚双边投资协定第6条第4款。

中国－印度双边投资协定才对间接征收问题给予尝试性界定。但中国稍后与俄罗斯、哥斯达黎加、马里等国缔结双边投资协定时没有对间接征收界定问题给予延续。中国在与乌兹别克斯坦、坦桑尼亚、加拿大等国缔结双边投资协定时延续了对间接征收问题的详细界定，而与其他国家缔结双边投资协定时没有对间接征收给予明确界定。目前对间接征收的界定内容不仅界定了间接征收的行为，还列出了间接征收的免责行为。因而界定间接征收既有利于保护海外投资，也有利于加强对外资的监管。

2. 损害补偿标准不统一

损害补偿待遇条款主要是指，缔约国为保护海外投资而在双边投资协定中约定东道国对因东道国爆发战争、武装冲突、内乱、国家紧急状态、起义、暴动、暴乱或类似事件引起的损失给予赔偿。在实践中，外国投资者可能遭受的损失一般包括投资者在东道国投资的财产损失、企业无法运营及施工项目无法进行导致的损失等①。国际上对损害补偿条款的补偿一般采用"合理"或"适当"的标准对投资者进行补偿。在一些经济环境不稳、国际环境日益动荡的地区，战争、内乱等造成损害和损失的赔偿条款对于中国境外投资企业有着重要的意义。中国在双边投资协定实践中对损害赔偿条款也特别重视，除在与瑞典、立陶宛和斯洛文尼亚三国缔结的双边投资协定中没有纳入损害补偿条款外其他双边投资协定均包含损害补偿条款。但中国在缔结的双边投资协定中对损害补偿的标准规定不统一。包含该条款的双边投资协定对损害补偿标准的规定有三种类型：第一种是缔约国给予投资者最惠国待遇的补偿标准。采用这种规定方式的双边投资协定较多，其主要原因是双边投资协定中不包含国民待遇。这种表述方式由于缺少了一种可比较选择的方式，因此可能存在对投资者不利的情形。第二种是缔约国给予最惠国待遇或国民待遇的标准补偿投资者。采用这种表述方式的双边投资协定相对较少，这种表述方式虽然赋予更多选择，但到底采取哪一种没有给予明确说明，因而容易产生争端。第三种是缔约国对投资者按照最惠国待遇和国民待遇中

---

① 江荣卿：《境外投资法规解读及双边投资保护协定应用》，法律出版社2013年版，第125页。

最优者的标准给予补偿。这种表述方式简单明了，且对投资者有利。为了保护海外投资，2010年以来中国缔结的双边投资协定均采用第三种表述方式。此外，中国在与科威特、黎巴嫩等国缔结的双边投资协定中还给定了一些特殊类型的赔偿规定，比如缔约国军队或当局征用投资者的财产或非因战斗行动或情势必需而毁坏了投资者的财产，应给予赔偿的规定。① 包含这种规定的损害补偿对投资者的保护水平更高②。但这种表述方式没有得到广泛的延续。

3. 对投资转移设置了限制条件

转移条款主要是应对因缔约国的汇兑限制问题而产生的退出风险。通常来说，发达经济体的外汇管制比较宽松，发展中经济体及转型经济体的外汇管制比较严格。汇兑限制风险可能给投资者转移资本、购买原材料及设备等带来困难。因此对于投资者来说，自由进出东道国的权利也至关重要。由于中国的资本账户尚未开放，因此中国在缔结双边投资协定的实践中对于自由转移问题持保留态度，在大多数双边投资协定中均对转移条款设置了"根据其法律和法规的规定"的前提条件。这种限制条件虽然保护了中国金融市场的稳定，但是对中国的境外投资构成了潜在的危险。许多欠发达及转型经济体的外汇不足，金融市场不稳定，汇兑限制风险频发，这将对中国境外投资企业的正常运行造成一定的影响。同时，2000年后中国与荷兰、德国、瑞士等国缔结的双边投资协定没有设置"依据缔约方的法律法规规定"的前提条件，且有些也没有增添外汇转移的例外条款，这虽然对境外投资企业有利，但将导致中国发生金融危机时丧失限制外资大量流出的权利。此外，由于存在没有设置限制条件的转移条款，因而其他限制条件将因最惠国待遇的多边传导效应而成为"虚设"。

4. 存在代位条款缺失的问题

代位条款源于美国投资保证协定，是投资国实施的帮助投资者减轻东道国的政治风险损失的政策。中国在双边投资协定的实践过程中也纳入了代位条款。但

---

① 参见1996年中国 – 黎巴嫩第5条第2款。
② 《世界投资报告2012》，第148页。

是中国与哈萨克斯坦、塔吉克斯坦、土库曼斯坦、澳大利亚等国缔结的双边投资协定不包含代位条款。哈萨克斯坦、塔吉克斯坦、土库曼斯坦等国投资风险较大，而中国与这些国家缔结的双边投资协定中缺少代位条款，这就不利于有关的中资企业通过参与投资风险保险来规避投资风险。

（七）投资争端解决机制标准统一

双边投资协定的对东道国的约束程度（对外国投资者的保护程度）取决于是否具有强有力的投资争端解决机制。强有力的争端解决机制赋予了外国投资者越过东道国的司法行政体系通过国际仲裁庭来解决投资者与东道国投资争端的权利。这种争端解决方式可以在一定程度上避免因东道国的司法行政系统可能偏袒东道国而对投资者造成的损失。然而由于争端解决机制存在缺乏透明度等过于偏袒外国投资者的缺陷，投资争端解决机制在保护投资者利益的同时，也使东道国管理公共事务和监管外国投资的主权受到了严重挑战。

投资争端解决机制是中国双边投资协定的重要条款。但由于中国对投资者－国家争端解决机制中把投资争端提交国际仲裁的途径经历了完全不接受、部分接受和完全接受三个阶段，因而造成有关投资者－国家争端解决机制的内容措辞多样、条款待遇标准不统一等问题。这些问题有的不利于保护海外投资，有的增加了中国被投资者诉讼到国际仲裁庭的风险。

第一，有些双边投资协定的投资争端解决机制设置了严格的限制条件，不利于保护境外投资。在中国实施"走出去"战略之前，中国缔结双边投资协定的目的主要是吸引外资或巩固双边关系，因而对具有挑战中国管理经济主权可能的投资争端解决机制采取保守的态度。对投资者采用国际仲裁的途径解决投资争端设置了严格的限制条件，仅规定涉及补偿额有关的争议可以提交国际仲裁解决，而其他争议只能通过国内救济方式解决或当争议双方均同意通过采用国际仲裁的方式解决时才能提交国际仲裁。

第二，有些双边投资协定缺少对投资者把投资争端提交国际仲裁庭设置必要的限制条件，增加了中国遭受国际仲裁的风险。随着"走出去"战略的实施，中国对外直接投资规模迅速发展。为了给中国境外投资提供保护，中国改变了仅接受国际争端解决中心管辖征收补偿额争端的态度,转而采取完全接受的态度。自1998年6月中国与巴巴多斯缔结双边投资协定以来,中国缔结的双边投资协定基本上均规定在投资争端发生6个月后若双方无法通过友好协商解决,投资者均可把投资争端提交根据联合国国际贸易法委员会仲裁规则设立的专设仲裁庭或者"解决投资争端国际中心"或者东道国有管辖权的地方法院解决(三者的选择依据岔道口原则)。中国在这些双边投资协定中除部分设置了"用尽国内行政复议"外没有设置其他限制条件,这虽然便利了投资者通过国际仲裁的方式解决国际争端,但是却增加了中国被投资者诉诸国际仲裁庭的风险。

(八) 保护伞条款表述范式不统一

保护伞条款是指把东道国在合同中的承诺一并放在双边投资协定中加以保护。① 保护伞条款实际上就是将外国投资者与东道国之间的合同也置于双边投资协定的保护之下,当东道国违反合同时,投资者可以利用双边投资协定来维护自己的利益。保护伞条款在投资者与东道国政府或政府的代理职能的机构签署相关的协议时尤其重要。在中国所缔结的双边投资协定中有些双边投资协定纳入了保护伞条款。尽管纳入保护伞条款,但是仍然存在一些问题。一是有些保护伞条款位于公平公正等实体条款下,降低了保护伞条款对投资者的保护力度。把保护伞条例纳入其他实体条款下,只有在东道国违背该条款的情况下,保护伞条款才能发挥作用,如果东道国虽然违背了合同,但不违背该实体条款,那么保护伞条款就不能发挥作用。② 比如,中国与科威特、埃及、英国等国缔结的双边投资协定的保护伞条款位于公平公正待遇条款之下。二是有些保护伞条款采用添加弹性词语的表述方式,比如"可能承担的义务""可能同意的义务"。而根据《维也纳公约》第31条第1款规定,"条约应依其用语按其上下文并参照条约之目的及宗旨所具有之通常意义,善意解释之"③。那么添加弹性词语的表述方式将降低保

---

① 江荣卿:《境外投资法规解读及双边投资保护协定应用》,法律出版社2013年版,第149页。
② 孙秀娟:《BIT伞形条款对契约义务和条约义务的竞合力》,《金陵法律评论》2011年春季卷,第136~147页。
③ 参见《维也纳公约》第31条第1款。

护伞条款的效力。

(九) 双边投资协定与其他有关投资协定的关系不明确

随着投资与贸易的融合,自由贸易协定中也逐渐纳入了有关投资规则的内容。中国缔结的自由贸易协定中除中国 – 瑞士自贸协定不包含详细的投资规则内容外,其他的均包含详细的投资规则内容。但是大多数自由贸易区协定没有界定与双边投资协定的关系①,且中国除与哥斯达黎加、冰岛两国缔结的自由贸易协定中规定把双边投资协定直接纳入自由贸易协定外,其他自由贸易协定均重新纳入了有关投资的协定,其中规定的有关投资待遇和保护的标准均高于原有双边投资协定的标准。双边投资协定与自由贸易协定投资章节的关系不明确不仅容易产生投资纠纷,而且也不利于对外资企业进行监管。同时,随着自贸区协定和双边投资协定的增加,管理成本还将增加。另外,中国与日本和韩国缔结的投资促进协议也没有规定与以前缔结的双边投资协定的替代关系。

## 二、完善中国双边投资协定的对策建议

本书的实证分析结果表明双边投资协定的保护标准越高,对中国对外直接投资的促进作用就越大。然而由于中国缔结的双边投资协定标准参差不齐,内容条款表述多样,且有些可操作性较低,不利于企业用来维护自身的合法权益。因此从中国是对外投资大国的角度来看,中国需要与其他国家重新修订或商签高标准的双边投资协定,以利于其促进中国境外投资的发展。然而中国还是利用外资大国,双边投资协定是一把"双刃剑",在约束其他国家维护本国海外投资利益的同时,也放弃了一部分规制外国投资者的权利。因此从中国是利用外资大国的角度来看,中国不应该缔结高标准的双边投资协定。同时由于中国法律法规不完善且时常变化,高标准双边投资协定将增加中国被外国投资者起诉到国际仲裁庭的风险。

目前中国已由以前的 FDI 目的地的身份转变成为兼具 FDI 输出地和 FDI 输入

---

① 中国 – 智利自由贸易协定的投资章节明确规定此协定将替代原有的双边投资协定。

国的身份,那么中国对双边投资协定的利益诉求已经由引进外资转变为吸引外资、保护海外投资及以此为基石提升中国在国际规则制定上的话语权。因此,构建未来中国双边投资协定战略,应超越以前"南-北"对峙的思维,从中国既是对外投资大国又是吸引外资大国的身份出发,构建既可以保护中国境外投资又可以加强对外资的监管的双边投资协定。

(一)序言部分增加可持续发展的内容

未来的双边投资协定在序言部分应从平衡东道国和投资者权利和义务的视角出发,一是要继续强调"缔约一方为缔约另一方的投资者在其领土内投资创造有利条件";二是还要强调投资者的义务,比如"鼓励投资者尊重企业社会责任";三是依据社会经济发展的需要强调可持续发展的理念,比如环境保护、劳工权利等。

(二)进一步清晰界定投资保护的范围

对于定义部分首先应借鉴美国2012BIT范本中投资的定义方式,采用以资产为基础和以企业为基础相互融合的封闭式定义方式,并增添新的投资类型。这样既缩小了对外资的义务,也扩大了对新型投资的保护。其次对"作为投资的财产发生任何符合投资所在的缔约方的法律法规的形式上的变化"中的"法律法规"给予解释说明,以免产生投资争议。最后是明确说明中国香港和中国澳门的投资及投资者是否适用于中国缔结的双边投资协定。

(三)清晰界定投资待遇标准

国民待遇。随着中国已经与美国、欧盟开展以"准入前国民待遇+负面清单"为基础的双边投资协定的谈判,这预示着未来中国可能将以"准入前国民待遇+负面清单"为基础对外商签双边投资协定。以"准入前国民待遇+负面清单"为基础的双边投资协定的重点和难点在于负面清单的制定,中国应在借鉴其他国家制定负面清单经验和总结自由贸易实验区负面清单管理经验的基础上制定中国对外商签双边投资协定的负面清单。同时,为了保护未来产业可以考虑在负面清单中明确规定可以对新兴产业采取保护措施。此外,中国与其他一些发展中经济体缔结双边投资协定时,发展中经济体可能仍坚持准入后国民待遇甚至限制性的准入国民待遇，对于这种情况，中国在谈判时要以最大的努力换取具有约束力的义务，比如对于准入前义务可以确立较长的逐渐采用期。

最惠国待遇。中国将商签以"准入前国民待遇+负面清单"为基础的双边投资协定，因此应继续明确最惠国待遇的适用范围：设立、并购、扩大、运营、管理、维持、使用、享有、出售或处置等领域。同时，为了加强对外资的监管还应科学设置最惠国待遇的例外条款。还应明确规定最惠国待遇不适用于争端解决机制的条款及采用"不溯及既往的原则"限制最惠国待遇条款的效力。

绝对待遇。为了提升中国境外投资在东道国的待遇及避免公平公正待遇给中国带来的国际仲裁诉累，在未来的双边投资协定中应继续采用国际法标准（国际最低标准）对公正公平待遇标准给予界定，厘清与其他待遇标准的关系，以免产生争议。同时，还应对公平公正待遇的适用范围给予界定。此外，还应列出公正公平待遇的例外。这样既有利于对中国对外直接投资进行保护，也有利于对外资进行监管，并有助于避免国际仲裁庭做出出乎意料和宽泛的解释。

（四）提升投资保护待遇标准

征收条款。随着中国金融制度的完善和人民币的国际化，中国在征收条款中应逐渐采用"充分、及时和有效"的补偿标准，且应对"自由使用的货币"给予清晰界定，也应对自征收之日到给予补偿款之日之间的利息标准给予清晰界定。同时为了加强对外资的管理和保护海外投资，中国还应继续探索对间接征收的界定，对间接征收的界定应尽可能地具有可操作性。

损害补偿。考虑到中国政局稳定，社会秩序较好，应继续将国民待遇与最惠国待遇最优者作为补偿标准。同时还应增加一些特殊类型的赔偿规定，比如缔约国军队或当局征用投资者的财产或非因战斗行动或情势必需而毁坏了投资者的财产。

转移条款。一方面，随着中国金融市场体制的完善和开放，中国应该考虑逐渐放松对转移条款的限制，比如可以把"按照缔约国的相关法律法规的规定"转变为"相关的手续"，但需要对"相关的手续"给予界定并设置"合法"、"无歧视"、期限等限制条件。这样既为中国加强对外资的监管提供了条件，也为对外直接投资提供了保护。另一方面，为了维护中国金融安全，在放松对转移限制的同时，中国在双边协定中还应增加"危机例外条款"、金融审慎监管条款，并对"危机"给予界定说明①。同时还应对"与投资相关的"给予明确解释，尤其是对投资定义中"合同"的概念给予界定②，以防止投资定义扩大化，增加政府的义务，削弱政府对外资的管辖权利。这样既有利于维护中国的经济主权，还有利于防止另一缔约国滥用危机例外条款。

（五）创制既公平又具有约束力的投资争端解决机制

重视国家间投资争端解决机制。相比于投资者－国家间的投资争端解决机制，缔约国间的争端解决机制对投资的保护程度相对较低。但随着国际社会在弱化投资者－国家之间的投资争端解决机制，缔约国间的争端解决机制的影响有提升的可能，比如美国2012年BIT范本中明确规定涉及环保和劳工的争端应通过国家间的投资争端机制解决。因此中国在未来的双边投资协定中应重视国家间投资争端解决机制的规定范式。

创新投资者－国家争端解决机制。首先，应继续在保证便利投资者把投资争议诉请国际仲裁庭的基础上，对投资者－国家的争端解决机制给予一定的限制，以避免投资者－国家间争端解决机制过度挑战国家的公共政策主权。比如，可以纳入诉请国际仲裁前应用尽国内行政复议的条款，但应对行政复议的期限做一定的限制，以避免东道国采用行政复议来拖延将投资争端提交国际仲裁庭。其次，继续对有利于提升国际仲裁的透明度的建议如专家建议、公众参与、法庭之友、公开非秘密的信息等进行探索，并建立相应的机构对纳入的一些新的创新建议进行评估，以便对一些合适的条款进行推广。

（六）纳入投资自由化内容

透明度。随着全球经济一体化及区域合作的发展，透明度要求已成为国际投

---

① 张磊：《论中美双边投资协定范本关于外汇转移条款的分歧》，《上海金融》2013年第10期，第93～99页。

② 王朝恩、钱晓萍：《双边投资条约投资转移条款比较及中国的对策》，《亚太经济》2014年第4期，第10～16页。

资规则发展的一个重要的趋势。透明度规则的实施将有利于提高东道国投资环境的稳定性和可预测性,从而有助于提升海外投资企业决策的准确性,提高投资效率。随着中国对外直接投资遭遇的投资壁垒的增加,中国迫切需要在双边投资协定中增加透明度规则的内容。但考虑到中国目前尚处于转型阶段及仍是全球重要的 FDI 流入方,因而对于透明度规则的规定还不能完全接受欧美等发达经济体的要求,所以在借鉴欧美等发达经济体透明度规则的基础上,中国应从相关投资的信息应当是公开透明的和相关投资的信息应该是可以便于获得的①两方面来建立符合中国实际国情的透明度规则体系②。此外,中国的透明度规则应不仅涉及缔约国政府的义务,还涉及外国投资者的义务,比如还应要求投资者公布不涉及商业秘密的内容。这样既考虑到发达经济体的要求,也考虑到了发展中经济体的要求。

业绩要求。考虑到禁止业绩要求已逐渐被越来越多的国家接受及中国对外直接投资发展的需要,中国在未来的双边投资协定中可以考虑纳入禁止业绩要求条款。但由于中国仍是发展中国家,在一些节能环保技术、高新技术方面仍处于落后地位,因此可以考虑在序言中纳入"促进技术转让和保护公共利益"③ 等相关内容。此外,考虑到一些发展中国家对外资企业的履行要求,可以考虑按照 TRIMs 的要求规定履行条款,但尽可能不使用"必须""应当"等具有义务意义的词语,以降低中国企业承担的履行要求义务。

(七) 规范例外及可持续发展的条款

例外条款是目前条件下平衡东道国与投资者权利和利益关系的重要举措。例外条款为东道国管制外资拓展了政策空间。在以往的双边投资协定实践中中国对例外条款重视不够,协定中一般仅包含最惠国待遇的例外条款,而涉及其他方面

---

① 张潇剑:《WTO 透明度原则研究》,《清华法学》2007 年第 1 卷第 3 期,第 130~139 页。
② 叶楠:《论美国投资条约中的透明度规则及其对我国的启示》,《北京工商大学学报》(社会科学版) 2013 年第 6 期,第 109~116 页。
③ 何艳:《双边投资协定中的技术转让履行要求禁止规则研究——兼论我国在中美双边投资协定谈判中的立场》,《当代法学》2014 年第 4 期,第 153~160 页。

的例外条款较少,这虽然有利于中国境外投资,但却不利于中国对外资的监管。因此,在未来的双边投资协定中中国应精心设计一般例外、安全例外(根本安全例外)、文化例外等例外条款为中国管理经济社会发展预留一定的空间。同时,在双边投资协定中还应细化这些例外条款,这样不仅有利于中国经济社会的可持续发展和加强对外资的监管,而且也有利于避免东道国滥用例外条款损害中国境外投资企业的利益。此外,注重可持续发展的内容也是未来双边投资协定发展的一个重要方向。2011 年 UNCTAD 制定的可持续发展投资政策框架及 2012 年美国 BIT 范本强化了环境和劳工规则,这将推动国际投资协定向包容性和可持续发展的方向发展。且中国的经济社会发展状况也要求今后的发展需更加注重可持续发展。因此,中国应在未来的双边投资协定中积极重视可持续发展的内容。

(八) 规范保护伞条款

在目前中国对外直接投资中有相当一部分是投资在自然资源开采及基础设施建设领域,而这两类投资基本上均采用企业与东道国政府签订合同的形式,同时中国的这两类投资主要集中在发展中国家,发展中国家政局不稳、经济政策多变,容易产生违约现象。因此在双边投资协定中的其他义务中加入保护伞条款对中国对外直接投资的发展有着重要的意义。同时考虑到把保护伞条款纳入双边投资协定可能增加缔约国被外资企业诉诸国际仲裁庭的风险及引发投资者 - 政府解释与仲裁庭的解释的冲突,导致高度不可预知性等问题,这可能将造成一些国家拒绝在双边投资协定中纳入保护伞条款。为了促进谈判签约,中国需对保护伞条款进行创新性规定:一是明确保护伞的范围和有能力的争端解释法庭的解释的工作职责,以避免冲突性解释;二是在保护伞条款中纳入外国投资者的义务,或添加保护伞条款的适用条件,这样既利于企业利用保护伞条款维护企业的利益,也利于东道国加强对外国投资者的管理。另外,应通过将保护伞条款置于其他条款之下和避免采用添加弹性词语的表述方式提升保护伞条款对投资者的保护力度。

(九) 成立投资促进合作机构条款

双边投资协定对 FDI 的流动的促进作用主要是通过双边投资协定对外国投资

及投资者的保护的间接作用发挥的。而这种间接作用的发挥通常需要一定的条件,比如双边投资协定必须生效、双边投资协定的条款适合缔约国双方的国情。双边投资协定促进 FDI 流动作用的发挥需要缔约国双方成立投资促进合作机构,以使双边投资协定发挥作用的条件具备。投资促进合作机构可能有助于促进缔约双方实施有关规定,同时投资促进合作机构还可以通过设定议程来评估、监测有关条款的实施状况,并根据评估、监测结果提出修订的建议。这样通过成立投资促进合作机构不仅促进了协议的实施,而且还通过与其他利益相关者接触来了解协定在实施过程中存在的问题及改进的方向。中国在以往缔结的双边投资协定中对成立投资促进合作机构条款重视不够,仅在 2010 年中国－日韩双边投资协定中设置了联合委员会条款。未来的双边投资协定中应详细规定磋商条款,并增加成立联合委员会,建立缔约国之间的国际合作平台①,以确保双边投资协定的正确顺利实施和保持与时俱进的后续跟进措施。

(十) 积极制定合适的负面清单

尽管上海自由贸易试验区对外资实施负面清单的管理模式,但是上海自由贸易试验区所实施的负面清单与国际上通行的负面清单还有一定的距离,本书认为未来中国与欧美等其他国家缔结的双边投资协定所制定的负面清单还需要从以下几方面进行完善:第一,进一步提高负面清单的透明度。目前的负面清单中没有表明不符措施所属的行业及行业分类、法律依据、限制内容与期限,造成负面清单模糊不清。因此未来的负面清单应明确表明负面清单中所列的不符措施的所属行业、法律依据、所限制的具体内容及限制的期限等②。第二,增添对未来新兴产业的保护措施。负面清单的难点和重点是合理恰当地纳入需要保护的未来新兴产业,而由于中国尚处于快速发展阶段,未来新兴产业的发展难以预测,因而需要在负面清单中增添对中国未来的新兴产业制定相关保护措施的权利。第三,借鉴其他国家制定负面清单的经验完善负面清单分类标准。目前上海自由贸易试验

---

① 参见《世界投资报告 2012》,第 154 页。
② 樊正兰、张宝明:《负面清单的国际比较及实证研究》,《上海经济研究》2014 年第 12 期,第 31~40 页。

区负面清单的分类标准主要是依据《国民经济行业分类》制定的,这与国际上通行的 CPC、ISIC 和 HS 标准中的分类标准还有一定的区别,因而在未来的负面清单中应增添 CPC、HS、ISIC 与《国民经济行业分类》标准相对照的分类。第四,可以考虑设置限制措施过渡期的有关规定。由于中国目前还没有丰富的实施负面清单的经验,可以采用过渡期的措施来保护国内幼稚产业的发展。第五,完善安全审查和垄断审查机制①。在放松外资准入限制的同时,应通过完善安全审查、垄断审查等机制加强对外资准入的管理,以维护国家利益。此外,目前中国为了促进一些少数民族地区的经济发展,对少数民族地区实施了特殊的优惠政策,因而应把少数民族事务纳入负面清单中,并对少数民族事务的范围给予清晰界定,以免产生纠纷②。

## 第三节　配合双边投资协定促进对外投资的举措

虽然双边投资协定可以通过把东道国的承诺提升到国际法的层面,约束东道国行为,降低投资者在东道国面临的风险,提高投资效益,但双边投资协定并不一定能够彻底消除投资者在东道国面临的政治风险,有时还阻碍东道国投资环境的改善。也就是说,双边投资协定虽然为投资者提供了保护,但是并没有完全消除东道国的政治风险,东道国的风险尚存。因此,政府和企业还应多层次多角度地共同完善境外投资的风险保障制度,降低投资者在东道国面临的风险和遭受风险的损失。

---

① 张于喆、赵阳华:《"负面清单"的国际借鉴及我国应对之策》,《中国经贸导刊》2014 年 6 月下旬,第 24~27 页。
② 钱晓萍:《"少数民族事务"市场准入国际条约"负面清单"规则研究——以美国晚近的缔约实践为对象》,《中央民族大学学报》(哲学社会科学版) 2015 年第 42 卷第 1 期,第 72~78 页。

## 一、完善海外投资风险保险制度

虽然在21世纪初中国就已经建立了海外投资风险保险制度，但由于中国的海外投资风险保险制度还处于初期的建设阶段，仍存在一些问题。第一，中国海外投资风险保险制度缺乏法律依据。尽管中国的海外投资风险保险业务由中国信保来承担，但截至目前中国尚未出台专门的法律来规范海外投资风险保险的业务操作，而只是颁布了一些行政法规、条例，这些尚不具备完整的法律效力。海外投资风险保险法律制度框架的不完善也限制了中国海外投资保险的发展。第二，中国海外投资风险保险的承保范围较为传统，已不适应形势的发展。中国出口信用保险公司（简称中国信保）承保的范围主要包括汇兑限制、征收、战争及政治暴乱和政府违约四种政治风险[1]。中国信保对政治风险的定义较为传统，比如"战争及政治骚乱"主要指战争、内战、恐怖活动及其他类似战争的行为，这种对战争及政治暴乱的定义较为狭窄，没有包含经常发生且对海外投资活动造成重大损失的"骚乱"和"敌对行为"。"征收"指东道国政府剥夺企业经营权益的行为，这种定义方式只包含了直接征收，而没有包含目前比较常见的"蚕食征收"等间接征收行为。第三，中国海外投资保险立法模式有待改善[2]。目前中国海外保险立法模式采用单边模式，即中国出口信用保险公司对合格承保对象的条件设置没有包含企业投资所在的东道国是否与中国缔结了包含代位求偿权的双边投资协定的条件。双边投资协定代位求偿权的保护的缺失可能会使保险机构赔偿企业损失后难以顺利获得东道国的赔偿，很容易使保险机构陷入资金周转的困境，这样不利于保险机构的持续稳定发展。

为了促进中国对外直接投资的发展，应从以下几方面完善中国海外投资保险制度：第一，完善中国海外投资风险保险的法律制度框架。完善的海外投资保险法律制度框架是海外投资保险制度的关键。海外投资风险保险法律制度为保险机

---

[1] 参见中国出口信用保险公司《投保指南》。
[2] 顾海波、唐殿彩：《中国海外投资保险立法初探》，《国际经贸探索》2008年第24卷第12期，第17页。

构的经营行为提供了法律依据。为了促进中国海外投资风险保险的持续稳定发展，应尽快制定相应的法律法规，比如《海外投资保险法》等。同时，海外投资风险保险法律的制定不仅要结合中国国情，也应与相关的国际法相适应。第二，积极拓展保险机构的承保范围。为了适应国际投资形势发展的需要，中国出口信用保险公司应在借鉴其他国家海外投资风险保险机构设置承保范围的基础上拓展承保范围，比如把骚乱、间接征收、敌对行为、外币贬值、蓄意破坏和怠工等纳入承保范围。第三，构建合适的海外投资风险保险立法模式。由于中国的海外投资风险保险尚处于建设初期阶段，资金实力较为单薄，因而为了顺利获得理赔，应把企业投资的东道国与中国缔结包含代位求偿权的双边投资协定作为合格承保对象的一个条件。

**二、建立和完善海外投资风险预警体系**

为减少中国企业对外投资面临的政治风险，提高中国企业对外投资成功率，还需要建立和完善中国海外投资风险预警体系，以提高中国企业识别、评估及管控对外投资政治风险的能力。海外投资风险预警体系是一项复杂的工程，需要从多角度多层面努力着手。第一，鼓励和支持有关构建中国海外投资国家风险的评估和预警体系的研究。通过全面、综合、量化评估中国境外投资所面临的战争及暴乱风险、国有及征收化风险、政局动乱风险、政府违约风险、金融风险及以安全审查为主要形式的投资准入壁垒等主要风险，为中国企业海外投资提供参考[①]。第二，政府部门还应根据掌握的情况，及时发布预警信息，并且通过驻外使馆以及新闻媒体等渠道进行传播。第三，有关政府部门要编制更为详细的国别政情报告，以帮助国内投资者掌握权威信息。第四，政府鼓励和支持有条件的企业独立设立海外投资风险评估、预警的研究部门。

---

① 王永中、王碧珺：《中国海外投资高政治风险的成因与对策》，《IIS 中国对外投资报告》，Quarterly Report，No. 201505，February 10，2015。

## 三、采取措施促进企业了解双边投资协定

发挥双边投资协定对海外投资的促进作用的一个重要的前提是企业了解双边投资协定并积极利用。中国以前缔结的双边投资协定可操作性较低,不利于海外投资企业利用,导致海外投资企业较少利用双边投资协定维护自身利益。中国在未来商签过程中应通过召开座谈会、实地采访及问卷调查等途径了解海外投资企业对双边投资协定的诉求,使缔结的双边投资企业反映海外投资企业的需求。在双边投资企业签订后尚未生效前的缓冲期内应通过新闻媒体、研讨会等途径宣传双边投资协定的有关内容,使企业了解双边投资协定的内容。在双边投资协定实施后,采用访谈、问卷调查、座谈会等方式对企业利用双边投资协定的情况及对双边投资协定的看法进行了解,为未来的修订提供基础。

## 四、为企业利用国际仲裁的途径解决投资争端提供支持

虽然投资者–国家争端解决机制为投资者提供了国际仲裁的直接途径,避开了东道国的国内司法系统,但是采用国际仲裁的方式解决投资争端需要的费用较高,而且拖延的时间较长,单靠企业自身尤其是民营企业难以承担起如此大的费用,因此需要国家给予企业一定的支持,鼓励企业通过国际仲裁的方式解决投资争端。政府一方面可以采用成立基金的方式为海外投资企业解决投资争端提供资金支持,另一方面还应为企业提供相应的法律人才的支持。

## 五、积极启动投资壁垒救济机制

即使采用以"准入前国民待遇+负面清单"为基础的双边投资协定,也不能完全规避一些国家采取的投资壁垒。为了降低投资壁垒对外直接投资的影响,一些国家建立投资壁垒救济机制来进行磋商降低投资壁垒。实际上中国也建立了投资壁垒救济机制。2005年商务部发布的《对外贸易壁垒调查规则》的第36条规定:"对国外投资壁垒的调查,参照本规则进行。"这也就是说,在2005年中国就建立了投资壁垒救济机制。然而随着中国对外直接投资的发展,中国境外投

资企业折戟海外的案例逐渐增多,有相当一部分就是投资壁垒造成的,比如冰岛拒绝中坤集团的投资、美国否决三一集团的投资等。然而,中国商务部却没有发起针对投资准入壁垒的调查。为了推动中国对外直接投资的发展,中国应积极启动投资壁垒救济机制①。

### 六、企业应通过自身努力来降低其面临的政治风险

降低企业海外投资不仅需要政府层面的努力,而且还需要企业自身的努力。企业应从以下几方面努力降低在东道国面临的风险:第一,企业应提高对境外投资风险的评估、预警能力,最大限度地降低在东道国面临的风险。企业应在项目投资前努力做好事前调查,在详细了解东道国的经济、政治、文化等各方面信息的基础上对东道国的投资风险进行评估。同时还应积极管控事中、事后的风险,努力将在东道国面临的投资风险降到最低水平。第二,在经营过程中积极履行社会责任,融入当地社会。企业对东道国投资获得经济利益的同时,还应积极履行社会责任,与当地居民共同分享企业发展的成果,使企业发展与当地的经济社会发展紧密地联系在一起。这样容易获得当地居民的支持。第三,积极实施合规经营,遵守当地的法律法规。合规经营是海外投资企业的基本准则。同时海外投资企业还应积极与东道国各社会团体沟通合作,赢得各社会层面的支持。第四,改进投资策略,采取合资经营。一方面中国企业的海外经营经验不足,规避东道国政治风险的能力有限;另一方面一些国家对中国的投资既欢迎又猜忌,尤其是对中国国有企业的投资猜忌更大,为此对于一些投资项目企业应积极采取合资的方式以降低投资风险。

---

① 王淑敏:《地缘政治视阈下的中国海外投资准入国民待遇保护——基于"冰岛拒绝中坤集团投资案"的思考》,《法商研究》2012 年第 2 期,第 118~119 页。

# 第四节　为高标准双边投资协定的实施创造良好的国内环境

双边投资协定是一把"双刃剑",在为本国海外投资企业提供保护的同时,也降低了本国对外资企业的监管及压缩了本国政府的政策空间。尤其是高水平的双边投资协定进一步压缩了东道国对外资企业准入的裁量权,给予了外资企业更大的活动空间,但这并不代表着对外资企业的自由放任,东道国主要通过完善法律法规的方式来加强对外国投资者的监管。为了适应新的形势,中国需要完善国内相关法律法规,以提升对外资的管理能力。同时高标准双边投资协定在对投资者提供高标准待遇的同时,还对投资者提出了更高的义务要求。因此,政府和企业联手努力提高境外投资企业履行投资义务的能力。

### 一、积极推动外资管理体制改革

未来中国将采取负面清单的外资管理模式,这种管理模式大大降低了中国对外资准入的裁量权,且要求通过双边协定确定的外资待遇以后不准降低,所以从某种意义上说负面清单的外资管理模式在一定程度上"锁定"了东道国政府对外资的监管状态①。这对中国外资管理体制提出了更高的要求。因此,为适应新的形势,中国需要加快推进外资管理体制改革。负面清单为本国的外资政策发展预留的空间在很大程度上取决于本国法律法规及政策制度的完善程度②。因而在实施负面清单管理模式前应尽快完善相关的法律法规及政策制度。

---

① 韩冰:《准入前国民待遇与负面清单模式:中美 BIT 对中国外资管理体制的影响》,《国际经济评论》2014 年第 6 期,第 105 页。
② 韩冰:《准入前国民待遇与负面清单模式:中美 BIT 对中国外资管理体制的影响》,《国际经济评论》2014 年第 6 期,第 106~110 页。

第一，修订和完善有关外资管理的法律法规。目前中国对外资的管理所依据的法律主要是《中外合资经营企业法》、《外资企业法》和《中外合作经营企业法》（简称外资三法），外资三法是在改革开放初期制定的。目前的国际投资形势及国内的经济社会发展状况已经发生了很大的变化，因而这些法律法规已经不适应新的形势，需要给予修订。因而应当制定符合时代要求的外资法。目前正在制定中的《外国资法（草案）》就是对目前形势的回应。从公布的《外国资法（草案）》来看，新制定的《外国投资法》将颠覆目前的外资管理体制，而《外国投资法》只是原则性的法律规定，因而还需要一些实施细则及其他配套制度规则的推出，比如负面清单、国家安全审查指南、外资企业信息报告细则等①。

第二，完善国家安全审查制度机制。负面清单的外资管理体制极大削减了东道国对外国投资者准入的自由裁量权。但这并不代表着东道国完全放弃了对外国投资者的准入管理，而是主要凭借国家安全审查机制、反垄断机制等机制对外资的准入进行管理。目前中国的国家安全审查机制还处于初期建设阶段，还存在需要完善的地方。首先，制定既符合中国国情又符合国际法规的《国家安全审查指南》。尽管国家安全审查已被纳入新的《外国投资法》，使国家安全审查具有了法律依据，但《外国投资法》只是一些原则性的规定，因而在《外国投资法》颁布后，应制定详细的实施细则。其次，国家安全审查的结构需要改进。无论是2011年国务院办公厅发布的《关于建立外国投资者并购境内企业安全审查制度的通知》（简称2011通知），还是《外国投资法（草案）》均规定："国务院发展改革部门和国务院外国投资主管部门共同担任联席会议的召集单位，会同外国投资所涉及的相关部门具体实施外国投资国家安全审查。②"这虽然有助于相互监督和相互制衡，但这可能会造成组织成本增加，责任不清，使国家安全审查机制的不确定性增加。因而为了增加国家安全审查机制的高效性，③ 在许可的条件

---

① 《外国资法（草案）》解读。
② 参见《外国资法（草案）》第49条。
③ 孙南申、彭岳：《外资并购国家安全审查制度的立法改进与完善措施》，《学海》2014年第3期，第149页。

下，设立由商务部、发展改革委、外交部、国防部、科技部、环保总局、人民银行、文化部、工业和信息化部、农业部等部门组成的外国投资国家安全审查委员会，专门负责国家安全审查的相关事宜①。

第三，加强事后监管。目前中国虽然对外资实施逐案审批的准入管理模式，这种准入管理模式对外资的监管比较严格，但是在监管方面存在"重事前审批，轻事后监管"的问题，导致一些外资企业在经营过程中出现违法的事件。而未来的外资管理体制将实施"以备案为主，审批为辅"的负面清单的准入管理模式，这种管理模式大大放宽了外资的准入监管。为了使外资的进入促进中国经济社会的发展，就需要通过加强事后监管来弥补事前监管可能存在的"漏洞"。事后监管同样需要完善的法律法规，因此中国目前要尽快完善环保、生产安全、产品质量、劳工福利等相关的法律法规，以便加强对外资企业的监管。此外，加强外资监管队伍的建设也十分重要。

### 二、采取措施鼓励和引导海外投资企业履行社会责任

高标准双边投资协定在为境外投资企业提供高标准待遇的同时，还增加了企业的义务。履行社会责任从表面上看是企业的负担，但实际上履行社会责任有利于帮助企业提高跨国经营能力，加快与当地社会融合的进程，树立良好的企业形象，既能实现企业的长远发展，也能促进对外投资的可持续发展。但中国以前的境外投资企业对履行社会责任重视不够，并因此导致多起投资失败的案例。这不仅给相关企业带来了重大损失，而且还损害了中国企业的形象。随着中国境外投资的发展，中国政府及境外投资企业均提高了对企业履行社会责任的重视。比如2013年2月，商务部和环境保护部联合发布了《对外投资合作环境保护指南》，这是中国政府部门首次对企业对外投资合作环境保护行为给予的方向性指导。《对外投资合作环境保护指南》为中国境外投资企业履行社会责任提供了方向性的指导。为了发挥高标准的双边投资协定对中国境外投资的促进作用，中国政府

---

① 张宏乐等：《国际经济法的新发展与中国的实践》，中国民主法制出版社2011年版，第107页。

还应采取有力措施鼓励和引导中国境外投资企业遵守当地的法律法规、风俗习惯，履行社会责任。第一，构建约束机制，促进海外投资企业履行企业社会责任。国家对民营企业的优惠政策与境外企业履行社会责任相联系，如果企业不遵守当地的法律法规、风俗习惯，没有履行社会责任，可以中断对该企业的优惠政策；对国有企业采用履行社会责任问责制，对于没有履行社会责任的海外投资企业，政府应对其负责人问责。第二，建立和完善海外投资企业商会、企业协会等民间组织。充分利用海外企业商会、协会的便利条件监督和引导海外投资企业履行社会责任。海外企业商会、协会在当地便于监督企业履行社会责任的状况，因此应鼓励建立和完善海外企业商会、企业协会，通过海外企业商会和企业协会监督企业履行社会责任。第三，积极参与全球企业社会责任标准的制定。目前企业社会责任的标准主要是由发达经济体制定的，存在一些企业社会责任标准超越了中国企业所能承担的范围或中国企业履行社会责任的方式不符合要求的现象。这样就不利于中国企业履行社会责任。中国应积极参与社会责任标准的制定，使企业社会责任标准反映中国企业的诉求，以便于中国企业履行社会责任。

### 三、建立双边投资协定管理审查机制

理论上认为，双边投资协定具有促进双边投资流动的功能，但这种功能能否实现取决于双边投资协定的条款是否符合双边投资的需要。因而双边投资协定的签订和实施并不意味着该项双边投资协定的工作已经结束，而是还需要继续做大量的工作，尤其是评估双边投资协定对双边投资的促进作用效果的发挥及根据评估结果适时提出修订建议。为了适应中国未来双边投资协定战略的发展，中国应建立双边投资协定管理审查机制。双边投资协定的管理审查机制的工作主要有两方面：一方面定期评估双边投资协定促进实现双边投资预定目标和推动可持续发展的效果，同时还需要了解双边投资协定的签订实施与双边投资流量之间的关系。另一方面为修订双边投资协定提出建议。双边投资协定的管理审查机制应通盘考虑国内和国际投资政策及形势的发展变化，并根据对双边投资协定对双边投资流动影响效果的评估提出双边投资协定修订的建议。另外，把自由贸易协定投

资章节与双边投资协定关系的界定纳入双边投资管理审查机制的管辖范围。由于自由贸易协定投资章节有关投资的待遇及保护标准不低于双边投资协定的标准，如果二者并存，不仅增添了管理的负担，而且还容易产生争议，为了促进中国对外直接投资的发展，因而本书建议如果自贸区协定中包含投资章节，且两国已经缔结了双边投资协定，那么应规定自贸区协定的投资章节替代双边投资协定。

**四、支持和鼓励国内民间组织的发展**

改革国际投资争端解决机制、提高国际投资仲裁透明度已成为国际投资协定发展的一个重要趋势。采用引入法庭之友提高公众参与度以提高国际投资争端资仲裁的透明度的方式已经被尝试，且被一些国家及学者认可。那么，引入法庭之友有被正式纳入国际投资争端仲裁制度的可能。但是目前中国国内的民间组织发展相对比较缓慢，组织结构不健全，法律意识淡薄，一旦中国与外国投资者的投资纠纷被提交到国际仲裁庭，国内民间组织将难以像发达国家的民间组织一样发挥有效的作用。所以中国应采取措施鼓励和引导国内民间组织的发展，比如制定相关的规章制度、提供一定的财政支持等引导和鼓励国内环保组织、人权组织等民间组织的发展。

# 附　录

## 附录1　双边投资协定指数的构建方法

为了避免把双边投资协定作为同质处理可能产生有偏、不一致的结果，本书将对双边投资协定进行指数化处理以衡量各双边投资协定之间文本内容的差异。指数化处理的主要方法是构建 BIT Index。本书在借鉴 Adams 等（2003）、Lesher 和 Miroudot（2006）RATs 中投资条款指数化方法的基础上，构建中国 BIT Index。构建 BIT Index 的步骤主要有三步：第一，构建单项指数。本书选择定义、承认与促进、公正公平、国民待遇、最惠国待遇、征收、损害补偿、转移、投资争端解决机制、保护伞等十项指标作为单项指数。第二，对单项指数进行评分。每个单项指标的得分值的范围为 0~2。如果 BIT 没有包含该项指标，则得分为 0，如果 BIT 包含该项指标，其得分将依据设定的标准对该单项指标进行评分。第三，把单项指标指数合成总指数。本书采用算术平均的方法获得总指数。

## BIT Index 构建方法

| 单项指数指标 | 单项指数指标评分标准 | | | |
|---|---|---|---|---|
| | 0.5 分 | 1 分 | 1.5 分 | 2 分 |
| 定义 | 未包含风险特征的封闭式定义 | 包含风险特征的封闭式定义 | 未包含风险定义特征的开放式定义 | 包含风险特征的开放式定义 |
| 促进与承认 | | | 承认（接受）、促进 | 承认（接受）、促进 + 人员签证、工作许可 |
| 公平公正 | 位于其他条款下的"公平公正待遇" | 公平公正待遇 | 最低标准的公平公正待遇 + 例外 | 最低标准的公平公正待遇 |
| 国民待遇 | 弹性 + 限制条件的国民待遇 | 限制条件的国民待遇 | 准入后国民待遇 | 国民待遇 |
| 最惠国待遇 | 限制条件的最惠国待遇 | 准入后最惠国待遇 | 最惠国待遇 | 准入前最惠国待遇 |
| 征收 | 征收条件（少于四个）+ 适当补偿 | 征收"四要素" + 适当补偿 | 征收"四要素" + 适当补偿 + 延迟利息 | 征收"四要素" + "有效、及时、充分"补偿 |
| 损害补偿 | 按最惠国待遇标准 | 按最惠国待遇或国民待遇的标准 | 按最惠国待遇和国民待遇较优者的标准 | 按最惠国待遇和国民待遇较优者的标准 + 特殊补偿 |
| 转移 | 限制性转移 + 例外 | 限制性转移 | 自由转移 + 例外 | 自由转移 |
| 私人投资争端解决机制 | 国内救济 | 国内救济 + 补偿额争议可提交国际仲裁 | 任何争议均可提交国际仲裁 + 限制条件 | 任何争议均可提交国际仲裁 |
| 保护伞条款 | 位于实体待遇条款下的"可能承诺" | 位于其他待遇条款下的"可能承诺" | 位于其他待遇条款下的"有关承诺" | 位于其他待遇条款下的"任何承诺" |

## 附录2 样本国家名单

| 发达经济体 | 澳大利亚、奥地利、比利时、加拿大、捷克、德国、法国、芬兰、丹麦、希腊、爱尔兰、以色列、意大利、日本、拉脱维亚、马耳他、荷兰、挪威、斯洛伐克、斯洛文尼亚、西班牙、瑞士、瑞典、英国、美国、新西兰 |
|---|---|
| 发展中经济体 | 阿尔巴尼亚、阿尔及利亚、安哥拉、阿根廷、阿塞拜疆、巴林、孟加拉国、巴巴多斯、贝宁、玻利维亚、波斯尼亚和黑塞哥维那、博茨瓦纳、巴西、保加利亚、柬埔寨、喀麦隆、佛得角、智利、哥伦比亚、科特迪瓦、克罗地亚、厄瓜多尔、埃及、埃塞俄比亚、格鲁吉亚、加纳、洪都拉斯、匈牙利、印度、印度尼西亚、伊朗、牙买加、约旦、哈萨克斯坦、肯尼亚、韩国、科威特、吉尔吉斯斯坦、黎巴嫩、莱索托、马达加斯加、马拉维、马来西亚、马里、毛里塔尼亚、毛里求斯、墨西哥、蒙古、摩洛哥、莫桑比克、纳米比亚、尼泊尔、尼日利亚、阿曼、巴基斯坦、巴拉圭、秘鲁、菲律宾、波兰、卡塔尔、罗马尼亚、俄罗斯、卢旺达、沙特、塞内加尔、新加坡、南非、斯里兰卡、苏里南、泰国、突尼斯、土耳其、乌干达、乌克兰、阿联酋、坦桑尼亚、乌拉圭、委内瑞拉、越南、也门、赞比亚、津巴布韦 |

## 附录3 变量的描述性统计

| 变量 | 变量名称 | 样本数 | 均值 | 标准差 | 最小值 | 最大值 |
|---|---|---|---|---|---|---|
| ODI | 对外直接投资 | 1188 | 5.3819 | 4.3716 | −11.3083 | 13.0832 |
| GDP | 市场规模 | 1188 | −4.8382 | 2.1484 | −9.6370 | 0.8214 |
| WAGE | 劳动力成本 | 1188 | 8.3845 | 1.5983 | 4.9100 | 11.1432 |
| NR | 自然资源 | 1188 | 2.6022 | 1.5311 | −7.2944 | 4.5932 |
| TEC | 技术禀赋 | 1188 | 7.5897 | 3.9651 | 0 | 13.7045 |
| TRADE | 经贸联系 | 1188 | 0.0918 | 0.1216 | 0.0000 | 1.5745 |
| INLF | 外资政策 | 1188 | 3.9251 | 0.4628 | 1.6094 | 6.3026 |

续表

| 变量 | 变量名称 | 样本数 | 均值 | 标准差 | 最小值 | 最大值 |
|---|---|---|---|---|---|---|
| CPI | 宏观经济风险 | 1188 | 5.9696 | 8.5402 | 0.0090 | 156.9640 |
| BIT | 双边投资协定 | 1188 | 0.5486 | 0.4411 | 0 | 1.55 |
| VA | 话语权与问责制 | 1188 | 0.0889 | 0.9154 | -1.86 | 1.83 |
| PS | 政治稳定与杜绝暴力 | 1188 | -0.0845 | 0.9425 | -2.81 | 1.66 |
| GE | 政府效率 | 1188 | 0.2212 | 0.9373 | -1.52 | 2.43 |
| RQ | 监管质量 | 1188 | 0.2220 | 0.8881 | -2.21 | 1.97 |
| CC | 遏制腐败 | 1188 | 0.1163 | 0.9767 | -1.84 | 2 |
| RL | 法治与秩序 | 1188 | 0.1275 | 1.0246 | -1.49 | 2.55 |
| FET | 公平公正待遇 | 1187 | 0.9347 | 0.7755 | 0 | 2 |
| NT | 国民待遇 | 1187 | 0.2342 | 0.5087 | 0 | 1.5 |
| MFT | 最惠国待遇 | 1188 | 0.8237 | 0.6473 | 0 | 2 |
| Exprop | 征收补偿 | 1188 | 0.4689 | 0.4269 | 0 | 1.5 |
| ISDs | 投资者-国家争端解决机制 | 1188 | 0.7071 | 0.6539 | 0 | 2 |

## 附录4 相关系数矩阵

| ODI | GDP | WAGE | NR | TEC | TRADE | INLF | CPI | BIT | VA | PS | GE | RQ | CC | RL |
|---|---|---|---|---|---|---|---|---|---|---|---|---|---|---|
| 1.00 | | | | | | | | | | | | | | |
| 0.33 | 1.00 | | | | | | | | | | | | | |
| 0.03 | 0.66 | 1.00 | | | | | | | | | | | | |
| 0.10 | 0.15 | 0.09 | 1.00 | | | | | | | | | | | |
| 0.21 | 0.64 | 0.38 | 0.00 | 1.00 | | | | | | | | | | |
| 0.22 | -0.14 | -0.26 | 0.07 | -0.11 | 1.00 | | | | | | | | | |
| -0.02 | 0.19 | 0.39 | -0.15 | 0.16 | -0.09 | 1.00 | | | | | | | | |
| 0.00 | -0.16 | -0.29 | 0.09 | -0.11 | 0.10 | -0.25 | 1.00 | | | | | | | |
| 0.14 | 0.28 | 0.30 | 0.04 | 0.27 | 0.02 | 0.11 | -0.10 | 1.00 | | | | | | |

续表

| ODI | GDP | WAGE | NR | TEC | TRADE | INLF | CPI | BIT | VA | PS | GE | RQ | CC | RL |
|---|---|---|---|---|---|---|---|---|---|---|---|---|---|---|
| -0.02 | 0.39 | 0.65 | -0.28 | 0.34 | -0.21 | 0.53 | -0.28 | 0.13 | 1.00 | | | | | |
| -0.04 | 0.16 | 0.64 | -0.12 | 0.08 | -0.13 | 0.41 | -0.24 | 0.12 | 0.67 | 1.00 | | | | |
| 0.04 | 0.55 | 0.85 | -0.12 | 0.40 | -0.23 | 0.51 | -0.32 | 0.30 | 0.78 | 0.72 | 1.00 | | | |
| 0.02 | 0.52 | 0.82 | -0.12 | 0.39 | -0.21 | 0.61 | -0.36 | 0.25 | 0.80 | 0.70 | 0.94 | 1.00 | | |
| 0.01 | 0.48 | 0.81 | -0.17 | 0.32 | -0.25 | 0.54 | -0.33 | 0.26 | 0.79 | 0.76 | 0.96 | 0.93 | 1.00 | |
| 0.03 | 0.46 | 0.80 | -0.11 | 0.29 | -0.25 | 0.50 | -0.30 | 0.26 | 0.77 | 0.75 | 0.95 | 0.89 | 0.95 | 1.00 |

## 附录5 方差膨胀因子

| 变量 | VIF | 1/VIF |
|---|---|---|
| GDP | 3.24 | 0.308532 |
| WAGE | 5.92 | 0.16899 |
| NR | 1.41 | 0.711471 |
| TEC | 1.99 | 0.501813 |
| TRADE | 1.15 | 0.869494 |
| INLF | 1.79 | 0.55756 |
| CPI | 1.17 | 0.856088 |
| BIT | 1.21 | 0.823385 |
| VA | 3.55 | 0.281528 |
| PS | 3.33 | 0.300322 |
| GE | 21.85 | 0.045768 |
| RQ | 13.25 | 0.075472 |
| CC | 22.17 | 0.045113 |
| RL | 14.46 | 0.069146 |
| Mean VIF | 6.89 | |

## 附录6 中国对外签订双边投资协定一览表

| 序号<br>No. | 洲<br>Continent | 国家<br>Country | 签署日期<br>Signed on | 生效日期<br>Effective from | 备注<br>Remarks |
|---|---|---|---|---|---|
| 1 | 欧洲 | 瑞典<br>SWEDEN | 1982年3月29日 | 1982年3月29日 | |
| | 欧洲 | 瑞典<br>SWEDEN | 2004年9月27日 | 2004年9月27日 | 签字即生效 |
| 2 | 欧洲 | 德国<br>GERMANY | 1983年10月7日 | 1985年3月18日 | |
| | 欧洲 | 德国<br>GERMANY | 2003年12月1日 | 2005年11月11日 | 重新签订 |
| 3 | 欧洲 | 法国<br>FRANCE | 1984年5月30日 | 1985年3月19日 | 2007年11月26日重新签订，新协定取代旧协定 |
| | 欧洲 | 法国<br>FRANCE | 2007年11月26日 | 2010年8月20日 | 重新签订 |
| 4 | 欧洲 | 比利时与卢森堡<br>BELGIUM And LUXEMBOURG | 1984年6月4日 | 1986年10月5日 | |
| | 欧洲 | 比利时与卢森堡<br>BELGIUM And LUXEMBOURG | 2005年6月6日 | 2009年12月1日 | 重新签订 |
| 5 | 欧洲 | 芬兰<br>FINLAND | 1984年9月4日 | 1986年1月26日 | |
| | 欧洲 | 芬兰<br>FINLAND | 2004年11月15日 | 2006年11月15日 | 重新签订 |
| 6 | 欧洲 | 挪威<br>NORWAY | 1984年11月21日 | 1985年7月10日 | |
| 7 | 欧洲 | 意大利<br>ITALY | 1985年1月28日 | 1987年8月28日 | |

续表

| 序号<br>No. | 洲<br>Continent | 国家<br>Country | 签署日期<br>Signed on | 生效日期<br>Effective from | 备注<br>Remarks |
|---|---|---|---|---|---|
| 8 | 欧洲 | 丹麦<br>DENMARK | 1985年4月29日 | 1985年4月29日 | |
| 9 | 欧洲 | 荷兰<br>THE NETHERLANDS | 1985年6月17日 | 1987年2月1日 | |
| | 欧洲 | 荷兰<br>THE NETHERLANDS | 2001年11月26日 | 2004年8月1日 | 重新签订 |
| 10 | 欧洲 | 奥地利<br>AUSTRIA | 1985年9月12日 | 1986年10月11日 | |
| 11 | 欧洲 | 英国<br>U. K. | 1986年5月15日 | 1986年5月15日 | |
| 12 | 欧洲 | 瑞士<br>SWITZERLAND | 1986年11月12日 | 1987年3月18日 | |
| | 欧洲 | 瑞士<br>SWITZERLAND | 2009年1月27日 | 2010年4月13日 | 重新签订 |
| 13 | 欧洲 | 波兰<br>POLAND | 1988年6月7日 | 1989年1月8日 | |
| 14 | 欧洲 | 保加利亚<br>BULGARIA | 1989年6月27日 | 1994年8月21日 | |
| | 欧洲 | 保加利亚附加议定书 | 2007年6月26日 | 2007年11月10日 | |
| 15 | 欧洲 | 俄罗斯<br>RUSSIA | 2006年11月9日 | 2009年5月1日 | |
| 16 | 欧洲 | 匈牙利<br>HUNGARY | 1991年5月29日 | 1993年4月1日 | |
| 17 | 欧洲 | 捷克和斯洛伐克<br>CIECHOSLOVAKIA | 1991年12月4日 | 1992年12月1日 | |
| | 欧洲 | 斯洛伐克<br>SLOVAKIA | 2005年12月7日 | 2007年5月25日 | 附加议定书 |
| 18 | 欧洲 | 葡萄牙<br>PORTUGAL | 1992年2月3日 | 1992年12月1日 | |
| | 欧洲 | 葡萄牙<br>PORTUGAL | 2005年12月9日 | 2008年7月26日 | 重新签订 |

续表

| 序号 No. | 洲 Continent | 国家 Country | 签署日期 Signed on | 生效日期 Effective from | 备注 Remarks |
|---|---|---|---|---|---|
| 19 | 欧洲 | 西班牙 SPAIN | 1992年2月6日 | 1993年5月1日 | |
| | 欧洲 | 西班牙 SPAIN | 2005年11月24日 | 2008年7月1日 | 重新签订 |
| 20 | 欧洲 | 希腊 GREECE | 1992年6月25日 | 1993年12月21日 | |
| 21 | 欧洲 | 乌克兰 UKRAINE | 1992年10月31日 | 1993年5月29日 | |
| 22 | 欧洲 | 摩尔多瓦 MOLDOVA | 1992年11月6日 | 1995年3月1日 | |
| 23 | 欧洲 | 白俄罗斯 BELARUS | 1993年1月11日 | 1995年1月14日 | |
| 24 | 欧洲 | 阿尔巴尼亚 ALBANIA | 1993年2月13日 | 1995年9月1日 | |
| 25 | 欧洲 | 克罗地亚 CROATIA | 1993年6月7日 | 1994年7月1日 | |
| 26 | 欧洲 | 爱沙尼亚 ESTONIA | 1993年9月2日 | 1994年6月1日 | |
| 27 | 欧洲 | 斯洛文尼亚 SLOVENIA | 1993年9月13日 | 1995年1月1日 | |
| 28 | 欧洲 | 立陶宛 LITHUANIA | 1993年11月8日 | 1994年6月1日 | |
| 29 | 欧洲 | 冰岛 ICELAND | 1994年3月31日 | 1997年3月1日 | |
| 30 | 欧洲 | 罗马尼亚（新） ROMANIA | 1994年7月12日 | 1995年9月1日 | |
| | 欧洲 | 罗马尼亚 ROMANIA | 2007年4月16日 | 2008年9月1日 | |
| 31 | 欧洲 | 南斯拉夫 YUGOSLAVIA | 1995年12月18日 | 1996年9月12日 | 塞尔维亚承接了前南斯拉夫的国际协定 |

续表

| 序号<br>No. | 洲<br>Continent | 国家<br>Country | 签署日期<br>Signed on | 生效日期<br>Effective from | 备注<br>Remarks |
|---|---|---|---|---|---|
| 32 | 欧洲 | 马其顿<br>MACEDONIA | 1997年6月9日 | 1997年11月1日 | |
| 33 | 亚洲 | 泰国<br>THAILAND | 1985年3月12日 | 1985年12月13日 | |
| 34 | 亚洲 | 新加坡<br>SINGAPORE | 1985年11月21日 | 1986年2月7日 | |
| 35 | 亚洲 | 科威特<br>KUWAIT | 1985年11月23日 | 1986年12月24日 | |
| 36 | 亚洲 | 斯里兰卡<br>SRILANKA | 1986年3月13日 | 1987年3月25日 | |
| 37 | 亚洲 | 日本<br>JAPAN | 1988年8月27日 | 1989年5月14日 | |
| 38 | 亚洲 | 马来西亚<br>MALAYSIA | 1988年11月21日 | 1990年3月31日 | |
| 39 | 亚洲 | 巴基斯坦<br>PAKISTAN | 1989年2月12日 | 1990年9月30日 | |
| 40 | 亚洲 | 土耳其<br>TURKEY | 1990年11月13日 | 1994年8月19日 | |
| 41 | 亚洲 | 蒙古<br>MONGOLIA | 1991年8月25日 | 1993年11月1日 | |
| 42 | 亚洲 | 乌兹别克斯坦<br>UZBEKISTAN | 1992年3月13日 | 1994年4月12日 | 2011年4月19日重新签署，新协定取代旧协定 |
| | 亚洲 | 乌兹别克斯坦<br>UZBEKISTAN | 2011年4月19日 | 2011年9月1日 | 重新签订 |
| 43 | 亚洲 | 吉尔吉斯斯坦<br>KYRGYZSTAN | 1992年5月14日 | 1995年9月8日 | |
| 44 | 亚洲 | 亚美尼亚<br>ARMENIA | 1992年7月4日 | 1995年3月18日 | |
| 45 | 亚洲 | 菲律宾<br>THE PHILIPPINES | 1992年7月20日 | 1995年9月8日 | |

续表

| 序号<br>No. | 洲<br>Continent | 国家<br>Country | 签署日期<br>Signed on | 生效日期<br>Effective from | 备注<br>Remarks |
|---|---|---|---|---|---|
| 46 | 亚洲 | 哈萨克斯坦<br>KAZAKHSTAN | 1992年8月10日 | 1994年8月13日 | |
| 47 | 亚洲 | 韩国<br>KOREA | 1992年9月30日 | 1992年12月4日 | |
| | 亚洲 | 韩国<br>KOREA | 2007年9月7日 | 2007年12月1日 | 重新签订 |
| 48 | 亚洲 | 土库曼斯坦<br>TURKMENISTAN | 1992年11月21日 | 1994年6月6日 | |
| 49 | 亚洲 | 越南<br>VIET NAM | 1992年12月2日 | 1993年9月1日 | |
| 50 | 亚洲 | 老挝<br>LAOS | 1993年1月31日 | 1993年6月1日 | |
| 51 | 亚洲 | 塔吉克斯坦<br>TAJIKISTAN | 1993年3月9日 | 1994年1月20日 | |
| 52 | 亚洲 | 格鲁吉亚<br>GEORGIA | 1993年6月3日 | 1995年3月1日 | |
| 53 | 亚洲 | 阿联酋<br>UNITED ARAB EMIRATES | 1993年7月1日 | 1994年9月28日 | |
| 54 | 亚洲 | 阿塞拜疆<br>AZERBAIJAN | 1994年3月8日 | 1995年4月1日 | |
| 55 | 亚洲 | 印度尼西亚<br>INDONESIA | 1994年11月18日 | 1995年4月1日 | |
| 56 | 亚洲 | 阿曼<br>OMAN | 1995年3月18日 | 1995年8月1日 | |
| 57 | 亚洲 | 以色列<br>ISRAEL | 1995年4月10日 | 2009年1月13日 | |
| 58 | 亚洲 | 沙特阿拉伯<br>SAUDI ARABIA | 1996年2月29日 | 1997年5月1日 | |
| 59 | 亚洲 | 黎巴嫩<br>LEBANESE | 1996年6月13日 | 1997年7月10日 | |

续表

| 序号<br>No. | 洲<br>Continent | 国家<br>Country | 签署日期<br>Signed on | 生效日期<br>Effective from | 备注<br>Remarks |
|---|---|---|---|---|---|
| 60 | 亚洲 | 柬埔寨<br>CAMBODIA | 1996年7月19日 | 2000年2月1日 | |
| 61 | 亚洲 | 叙利亚<br>SYRIA | 1996年12月9日 | 2001年11月1日 | |
| 62 | 亚洲 | 也门<br>YEMEN | 1998年2月16日 | 2002年4月10日 | |
| 63 | 亚洲 | 卡塔尔<br>KATAR | 1999年4月9日 | 2000年4月1日 | |
| 64 | 亚洲 | 巴林<br>BAHRAIN | 1999年6月17日 | 2000年4月27日 | |
| 65 | 亚洲 | 伊朗<br>IRAN | 2000年6月22日 | 2005年7月1日 | |
| 66 | 亚洲 | 缅甸<br>MYANMAR | 2001年12月12日 | 2002年5月21日 | |
| 67 | 亚洲 | 朝鲜<br>KOREA | 2005年3月22日 | 2005年10月1日 | |
| 68 | 亚洲 | 印度<br>INDIA | 2006年11月21日 | 2007年8月1日 | |
| 69 | 大洋洲 | 澳大利亚<br>AUSTRALIA | 1988年7月11日 | 1988年7月11日 | |
| 70 | 大洋洲 | 新西兰<br>NEW ZEALAND | 1988年11月22日 | 1989年3月25日 | |
| 71 | 大洋洲 | 巴布亚新几内亚<br>PAPUA NEW GUINEA | 1991年4月12日 | 1993年2月12日 | |
| 72 | 非洲 | 加纳<br>GHANA | 1989年10月12日 | 1990年11月22日 | |
| 73 | 非洲 | 埃及<br>EGYPT | 1994年4月21日 | 1996年4月1日 | |
| 74 | 非洲 | 摩洛哥<br>MOROCCO | 1995年3月27日 | 1999年11月27日 | |
| 75 | 非洲 | 毛里求斯<br>MAURITIUS | 1996年5月4日 | 1997年6月8日 | |

续表

| 序号<br>No. | 洲<br>Continent | 国家<br>Country | 签署日期<br>Signed on | 生效日期<br>Effective from | 备注<br>Remarks |
|---|---|---|---|---|---|
| 76 | 非洲 | 津巴布韦<br>ZIMBABWE | 1996年5月21日 | 1998年3月1日 | |
| 77 | 非洲 | 阿尔及利亚<br>ALGERIA | 1996年10月17日 | 2003年1月28日 | |
| 78 | 非洲 | 加蓬<br>GABON | 1997年5月9日 | 2009年2月16日 | |
| 79 | 非洲 | 尼日利亚<br>NIGERIA | 1997年5月12日 | | 已废除 |
| | 非洲 | 尼日利亚<br>NIGERIA | 2001年8月27日 | 2010年2月18日 | 重新签订 |
| 80 | 非洲 | 苏丹<br>SUDAN | 1997年5月30日 | 1998年7月1日 | |
| 81 | 非洲 | 南非<br>SOUTH AFRICA | 1997年12月30日 | 1998年4月1日 | |
| 82 | 非洲 | 佛得角<br>CAPE VERDE | 1998年4月21日 | 2001年10月1日 | |
| 83 | 非洲 | 埃塞俄比亚<br>ETHIOPIA | 1998年5月11日 | 2000年5月1日 | |
| 84 | 非洲 | 突尼斯<br>TUNIS | 2004年6月21日 | 2006年7月1日 | |
| 85 | 非洲 | 赤道几内亚<br>EQUATORIAL GUINEA | 2005年10月20日 | 2006年11月15日 | |
| 86 | 非洲 | 马达加斯加<br>MADAGASCAR | 2005年11月21日 | 2007年7月1日 | |
| 87 | 美洲 | 玻利维亚<br>BOLIVIA | 1992年5月8日 | 1996年9月1日 | |
| 88 | 美洲 | 阿根廷<br>ARGENTINE | 1992年11月5日 | 1994年8月1日 | |
| 89 | 美洲 | 乌拉圭<br>URUGUAY | 1993年12月2日 | 1997年12月1日 | |

续表

| 序号<br>No. | 洲<br>Continent | 国家<br>Country | 签署日期<br>Signed on | 生效日期<br>Effective from | 备注<br>Remarks |
|---|---|---|---|---|---|
| 90 | 美洲 | 厄瓜多尔<br>ECUADOR | 1994年3月21日 | 1997年7月1日 | |
| 91 | 美洲 | 智利<br>CHILE | 1994年3月23日 | 1995年8月1日 | |
| 92 | 美洲 | 秘鲁<br>PERU | 1994年6月9日 | 1995年2月1日 | |
| 93 | 美洲 | 牙买加<br>JAMAICA | 1994年10月26日 | 1996年4月1日 | |
| 94 | 美洲 | 古巴<br>CUBA | 1995年4月24日 | 1996年8月1日 | |
| | 美洲 | 古巴<br>CUBA | 2007年4月20日 | 2008年12月1日 | 重新修订 |
| 95 | 美洲 | 巴巴多斯<br>BARBADOS | 1998年7月20日 | 1999年10月1日 | |
| 96 | 美洲 | 特立尼达和多巴哥<br>TRINIDAD AND TOBAGO | 2002年7月22日 | 2004年12月7日 | |
| 97 | 美洲 | 圭亚那<br>GUYANA | 2003年3月27日 | 2004年10月26日 | |
| 98 | 欧洲 | 马耳他<br>MALTA | 2009年2月22日 | 2009年4月1日 | |
| 99 | 欧洲 | 塞浦路斯<br>CYPRUS | 2001年1月17日 | 2002年4月29日 | |
| 100 | 非洲 | 马里<br>MALI | 2009年2月12日 | 2009年7月16日 | |
| 101 | 亚洲 | 日韩<br>JAPAN,KOREA | 2012年5月13日 | 2014年5月17日 | |
| 102 | 非洲 | 坦桑尼亚<br>TANZANIA | 2013年3月24日 | 2014年4月17日 | |
| 103 | 美洲 | 加拿大<br>CANADA | 2012年9月9日 | 2014年10月1日 | |

# 参考文献

[1] 陈安：《区分两类国家，实行差别互惠：再论 ICSID 体制赋予中国的四大"安全阀"不宜贸然全拆除》，《国际经济法学刊》2007 年第 14 卷第 3 期。

[2] 陈安：《国际投资法学》，北京大学出版社 1999 年版。

[3] 陈安：《国际投资法的新发展与中国双边投资条约的新实践》，复旦大学出版社 2007 年版。

[4] 陈辉萍、黄玉梅：《国际投资协定中公正与公平待遇标准的新发展》，《国际经济法学刊》2006 年第 13 卷第 3 期。

[5] 陈强：《高级计量经济学及 Stata 应用》，高等教育出版社 2010 年版。

[6] 陈松、刘海云：《东道国治理水平对中国对外直接投资区位选择的影响——基于面板数据模型的实证检验》，《经济与管理研究》2012 年第 6 期。

[7] 崔凡：《中国高水平投资自由化谈判模式的确定及其影响》，《国际贸易》2013 年第 8 期。

[8] 邓明：《制度距离、"示范效应"与中国 OFDI 的区位分布》，《国际贸易问题》2012 年第 2 期。

[9] 东艳：《全球贸易规则的发展趋势与中国的机遇》，《国际经济评论》2014 年第 1 期。

[10] 邓新明、许洋：《双边投资协定对中国对外直接投资的影响——基于制度环境门槛效应的分析》，《世界经济研究》2015 年第 3 期。

［11］杜飞进：《论政府与市场》，《哈尔滨工业大学学报》（社会科学版）2014年第16卷第2期。

［12］樊正兰、张宝明：《负面清单的国际比较及实证研究》，《上海经济研究》2014年第12期。

［13］高宇：《中国企业投资非洲：市场和资源导向——基于面板数据的Tobit分析》，《国际经贸探索》2012年第28卷第5期。

［14］葛仲彰：《中国BIT实践的最新发展》，《长春理工大学学报》（社会科学版）2014年第27卷第7期。

［15］韩冰：《准入前国民待遇与负面清单模式：中美BIT对中国外资管理体制的影响》，《国际经济评论》2014年第6期。

［16］郝红梅：《探索准入前国民待遇加负面清单的外资管理模式》，《中国经贸导刊》2014年第10期。

［17］何艳：《双边投资协定中的技术转让履行要求禁止规则研究——兼论我国在中美双边投资协定谈判中的立场》，《当代法学》2014年第4期。

［18］黄洁：《美国双边投资新规则及其对中国的启示——以2012年BIT范本为视角》，《环球法律评论》2013年第4期。

［19］蒋冠宏、蒋殿春：《中国对外投资的区位选择：基于投资引力模型的面板数据检验》，《世界经济》2012年第9期。

［20］江荣卿：《境外投资法规解读及双边投资保护协定应用》，法律出版社2013年版。

［21］姜逸倩、申俊喜：《中国ODI在金砖国家的区位选择研究——基于传统经济因素和制度因素》，《国际商务研究》2013年第3期。

［22］刘笋：《国际投资保护的国际法制——若干重要法律问题研究》，法律出版社2001年版。

［23］刘京莲：《阿根廷国际投资仲裁危机的法理与实践研究——兼论对中国的启示》，厦门大学出版社2011年版。

［24］刘苇：《BITs准入前国民待遇——基于中国国际市场身份的转变》，

《河北法学》2014 年第 32 卷第 11 期。

[25] 林一：《简论新一代国际投资协定中的一般例外规则》，《甘肃政法学院学报》2012 年第 11 期。

[26] 李猛、于津平：《东道国的区位因素与中国对外直接投资相关性研究——基于动态面板数广义矩估计分析》，《世界经济研究》2011 年第 6 期。

[27] 李猛、于津平：《贸易摩擦、贸易壁垒与中国对外直接投资研究》，《世界经济研究》2013 年第 4 期。

[28] 李平、孟寒、黎艳：《双边投资协定对中国对外直接投资的实证分析——基于制度距离的视角》，《世界经济研究》2014 年第 12 期。

[29] 李庆灵：《刍议 IIA 中的外资国民待遇义务承担方式之选择》，《国际经贸探索》2013 年第 29 卷第 3 期。

[30] 梁咏：《双边投资条约与中国能源投资安全》，复旦大学出版社 2012 年版。

[31] 梁咏：《我国海外投资的现状及双边投资协定的完善》，《法学》2008 年第 7 期。

[32] 卢进勇、余劲松、齐春生：《国际投资条约与协定新论》，人民出版社 2007 年版。

[33] 卢进勇：《"走出去"战略与中国跨国公司崛起——迈向经济强国的必由之路》，首都经济贸易大学出版社 2012 年版。

[34] 梅新育：《负面清单的潜在风险》，《中国金融》2014 年第 13 期。

[35] 慕亚平：《国际投资的法律制度》，广东人民出版社 1999 年版。

[36] 钱晓萍：《"少数民族事务"市场准入国际条约"负面清单"规则研究——以美国晚近的缔约实践为对象》，《中央民族大学学报》（哲学社会科学版）2015 年第 42 卷第 1 期。

[37] 盛斌：《迎接国际贸易与投资新规则的机遇与挑战》，《国际贸易》2014 年第 2 期。

[38] 孙秀娟：《BIT 伞形条款对契约义务和条约义务的竞合力》，《金陵法

律评论》2011 年春季卷。

［39］太平、刘宏兵：《签订双边投资协定对中国吸收 FDI 影响的实证分析》，《国际商务——对外经济贸易大学学报》2014 年第 4 期。

［40］田巍、余淼杰：《企业生产率和企业"走出去"对外直接投资：基于企业层面数据的实证研究》，《经济学（季刊）》2012 年第 1 期。

［41］王朝恩、钱晓萍：《双边投资条约投资转移条款比较及中国的对策》，《亚太经济》2014 年第 4 期。

［42］王淑敏：《地缘政治视阈下的中国海外投资准入国民待遇保护——基于"冰岛拒绝中坤集团投资案"的思考》，《法商研究》2012 年第 2 期。

［43］王婷：《竞争中立：国际贸易与投资规则的新焦点》，《国际经济合作》2012 年第 9 期。

［44］谢孟军、郭艳茹：《法律制度质量对中国对外直接投资区位选择影响研究——基于投资动机视角的面板数据实证检验》，《国际经贸探索》2013 年第 29 卷第 6 期。

［45］魏卿、魏逊：《美国双边投资协定的最新发展——对 2004 年范本（草案）的内容分析》，《河南司法警官职业学院学报》2005 年第 3 卷第 1 期。

［46］温先涛：《孰南？孰北？妥协还是共识？——评中国－加拿大投资保护协定》，《武大国际法评论》2014 年第 16 卷第 2 期。

［47］姚梅镇：《国际投资法》，武汉大学出版社 1987 年版。

［48］姚枝仲、李众敏：《中国对外直接投资的发展趋势与政策展望》，《国际经济评论》2011 年第 2 期。

［49］姚枝仲：《如何应对中美双边投资协定的实质性谈判》，《IIS 中国对外投资报告》，Quarterly Report，No. 201320，2013。

［50］叶楠：《论美国投资条约中的透明度规则及其对我国的启示》，《北京工商大学学报》（社会科学版）2013 年第 6 期。

［51］余劲松：《国际投资法》，法律出版社 2007 年版。

［52］余劲松：《国际投资条约仲裁中投资者与东道国权益保护平衡问题研

究》,《中国法学》2011年第2期。

[53] 曾华群:《论我国"可持续发展导向"双边投资协定条约的实践》,《厦门大学学报》(哲学社会科学版)2015年第1期。

[54] 张磊:《论中美双边投资协定范本关于外汇转移条款的分歧》,《上海金融》2013年第10期。

[55] 张鲁青、冯涌:《双边投资协定对我国吸引FDI的影响》,《统计决策》2009年第22期。

[56] 张群群:《超越二元论:对政府与市场关系的反思》,《当代经济科学》2000年第6期。

[57] 张为付:《影响我国企业对外直接投资因素研究》,《中国工业经济》2008年第11期。

[58] 张潇剑:《WTO透明度原则研究》,《清华法学》2007年第1卷第3期。

[59] 张雨、戴翔:《政治风险影响了我国企业"走出去"吗?》,《国际经贸探索》2013年第29卷第5期。

[60] 张于喆、赵阳华:《"负面清单"的国际借鉴及我国应对之策》,《中国经贸导刊》2014年6月下旬。

[61] 张中元:《东道国制度环境双边投资协议与中国对外直接投资——基于面板门限回归模型(PTR)的实证分析》,《南方经济》2013年第4期。

[62] 宗芳宇、路江涌、武常岐:《双边投资协定、制度环境和企业对外直接投资区位选择》,《经济研究》2012年第5期。

[63] Aisbett E., "Bilateral Investment Treaties and Foreign Direct Investment: Correlation versus Causation", MPRA Paper, No. 2255, March 2007.

[64] Banga Rashmi, "Impact of government policies and investment agreements on FDI inflows", New Delhi. Indian Council for Research on International Economic Relations Working Paper, No. 116, November 2003.

[65] Berger A., et al., "Do trade and investment agreements lead to more

FDI? Accounting for key provisions inside the black box", *Int Econ Econ Policy*, No. 10, 2013.

[66] Bloneigen B., "In search of substitution between foreign production and export", *Journal of International Economics*, No. 53, 2001.

[67] Blonigen B. A., et al., "FDI in space: Spatial autoregressive relationships in foreign direct investment", NBER Working Paper, No. 10939, December 2004.

[68] Breusch T. and Pagan A., "The LM Test and Its Applications to Model Specification in Econometrica", *Review of Economic Studies*, No. 47, 1980.

[69] Bronckers M. and Quick B., *New Direction in International Economic Law*, Kluwer Law International, 2000.

[70] Buckley P. J., et al., "The determinants of Chinese outward foreign direct investment", *Journal of International Business Studies*, No. 38, 2007.

[71] Busse Matthias, et al., "FDI promotion through bilateral investment treaties: More than a bit?", *Kieler Arbeitspapiere*, No. 1403, February 2008.

[72] Cai Congyan, "Outward Foreign Direct Investment Protetion and the Effectiveness of Chinese BIT Pratice", *Journal of World Investment & Trade*, Vol. 7, No. 5, 2006.

[73] Chakrabarti A., "The Determinants of Foreign Direct Investment: Sensitivity Analyses of Cross-Country Regressions", *Kyklos*, Vol. 54, No. 1, 2001.

[74] Coe D. and Hoffmaiste A., "North-South Trade: Is Africa Unusual", *Journal of African Economics*, Vol. 8, No. 2, 1998.

[75] Crotti S., Cavoli T. and Wilson J. K., "The Impact of Trade and Investment Agreements on Australia's Inward FDI Flows", *Australian Economic Papers*, No. 49, 2010.

[76] Dunning J. H., *Trade, Location of Economic Activity and the Multinational Enterprises: a Search for an Eclectic Approach, the International Allocation of Economic Activity*, Macmillan: London, 1977.

[77] Egger P. and Merlo V. , "BITs Bite: An Anatomy of the Impact of Bilateral Investment Treaties on Multinational Firms", *The Scandinavian Journal of Economics*, Vol. 114, No. 4, 2012.

[78] Egger P. and Pfaffermayr M. , "The impact of bilateral investment treaties on foreign direct investment", *Journal of Comparative Economics*, No. 32, 2004.

[79] Eichengreen B. and Irwin D. , "Trade blocs, currency blocs, and the reorientation of trade in the 1930s", *Journal of International Economics*, No. 38, 1995.

[80] Hallward-Driemeier M. , "Do Bilateral Investment Treaties Attract FDI? Only a bit…and they could bite", World Bank DECRG, 2003.

[81] Hausman J. , "Specification Test in Econometrics", *Econometrica*, No. 46, 1978.

[82] Kerner A. , "Why Should I Believe You? The Costs and Consequences of Bilateral Investment Treaties", *International Studies Quarterly*, No. 53, 2009.

[83] Kerner A. and Lawrence J. , "What's the Risk? Bilateral Investment Treaties, Political Risk and Fixed Capital Accumulation", *British Journal of Political Science*, Vol. 44, No. 1, 2014.

[84] Jang Kyunghwa and Lee Hongshik, "The Effect of Heterogeneous BITs on FDI Inflows: The Case of Developing Asian Countries", Korea University, 2011.

[85] Levy-Yeyati E. , Panizza U. and Stein E. , "The cyclical nature of north-south FDI flows", *Journal of International Money and Finance*, Vol. 26, No. 1, 2007.

[86] Luo Y. , Xue Q. , Han B. , "How Emerging Market Government Promote Outward FDI: Experience from China", *Journal of World Business*, Vol. 45, No. 1, 2010.

[87] Meyer K. , "Transacation Costs, and Entry Mode Chioce in Eastern Europe", *Journal of International Business Stuties*, Vol. 32, No. 2, 2001.

[88] Neumayer E. and Spess L. , "Do Bilateral Investment Treaties Increase For-

eign Direct Investment to Developing Countries?", *World Development*, Vol. 33, No. 10, 2005.

[89] Nguyen Thi Viet Hoa, et al., "The Impact of Heterogeneous Bilateral Investment Treaties (BIT) on Foreign Direct Investment (FDI) inflows to Vietnam", Master Thesis World Trade Institute, 2014.

[90] Norah Gallagher and Wenhua Shan, *Chinese Investment Treaties: Policies and Practice*, Oxford University Press, 2009.

[91] North, D. C., *Institutions, Institutional Change and Economic Performance*, New York: Cambridge University Press, 1990.

[92] Sasse P. J., *An Economic Analysis of Bilateral Investment Treaties*, Springer Fachmedien Wiesbaden, 2011.

[93] Sheng Zhang, "The Energy Charter Treaty and China: Member or Bystander?", *Journal of World Investment & Trade*, Vol. 13, No. 4, 2012.

[94] Sullivan N. P. and Salacuse J. W., "Do BIT Really Work? An Evaluation of Bilateral Investment Treaties and Their Grand Bargain", *Harvard International Law Journal*, No. 46, 2005.

[95] Tobin J. and Rose-Ackerman S., "Foreign direct investment and the business environment in developing countries: The impact of bilateral investment treaties", William Davidson Institute Working Paper, No. 587, June 2003.

[96] Tobin J. and Rose-Ackerman S., "When BITs have some bite: The political-economic environment for bilateral investment treaties", *The Review of International Organizations*, No. 6, 2011.

[97] UNCTAD, "Bilateral Investment Treaties 1959-1999", United Nations, 2000.

[98] UNCTAD, "The Role of International Investment Agreements in Attracting Foreign Direct Investment to Developing Countries", New York and Geneva, 2009.

[99] Wheeler D. and Mody A., "International Investment Location Decisions:

The Case of U. S. Firms", *Journal of International Economics*, No. 33, 1992.

[100] Witt M. A. and Lewin A. Y. , "Outward Foreign Direct Investment as Escape Response to Home Country Institutional constrains", *Journal of International Business Studies* , No. 38, 2007.

[101] Yackee W. J. , "Sacrificing Sovereignty: Bilateral Investment Treaties, International Arbitration, and the Quest for Capita", Ph. D. dissertation, University of North Carolina at Chapel Hill, 2007.

[102] Yackee W. J. , "Bilateral Investment Treaties, Credible Commitment, and the Rule of (International) Law: Do BITs Promote Foreign Direct Investment?", *Law & Society Review*, Vol. 42, No. 4, 2008.

[103] Yin – Wong Cheung and Xingwang Qian, "The Empirics of China's Outward Direct Investment", *Pacific Economic Review*, Vol. 4, No. 3, 2009.

# 后 记

寒来暑往，冬去春来，三年的博士生生活一晃而过，回首走过的日子，心中倍感充实与激动，学习阶段即将结束，感慨颇多。

首先，真心地感谢我的博士生导师赵江林教授，从书籍的选题、撰写到定稿，无不饱含了老师的心血。她以严谨的治学态度、宽厚仁慈的胸怀、锐意创新的科研精神、积极乐观的生活态度，为我树立了学习的典范。她谦逊的学者风范以及朴实的生活作风深刻地影响了我的学习和生活。她的教诲与鞭策将激励我在学习和工作的道路上励精图治，开拓创新。感谢赵老师在学习和生活上对我的关心。

在亚太所学习期间，有幸碰到了众多让人倍加尊敬的老师。早先张蕴岭老师、朴光姬老师、周小兵老师、王玉主老师、郭靖老师等的关心与鼓励让我努力学习，力求上进。学习期间，经常得到周小兵老师、沈明辉老师等的指导与帮助。我也因此增长了见识，开阔了视野，打开了思路。亚太所学术氛围浓厚，老师们思想活跃、成果颇丰。

此外，我还要感谢各位同学，三年来，我与许多同学互相关心、互相帮助，在一些学位课程的学术交流中获得了许多有益的启示。对本书的写作产生了有益的影响。

特别感谢我的父母和家人对我的坚定支持，没有他们的帮助、体谅、包容和支持，相信这三年的博士生生活将是很不一样的光景。

在书稿撰写过程中，我参阅了国内外众多专家、学者的文献，从中获得不少启迪和灵感，在此也表示感谢。

借此机会，向所有关心过我、帮助过我的老师、朋友和同学致以诚挚的感谢！

孟庆强

2015 年 6 月